Mario Stenz

Prekäre Zeiten

Bibliographische Informationen der Deutschen Nationalbibliothek:

Die Deutsche Nationalbibliothek verzeichnet diese Publikation in der Deutschen Nationalbibliografie; detaillierte bibliografische Daten sind im Internet über http://dnb.dnb.de abrufbar.

© 2015 Mario Stenz

3. überarbeitete Auflage

Herstellung und Verlag:

BoD – Books on Demand, Norderstedt

ISBN: 9783741274008

Prekäre Zeiten

Oder:

**Gedichte
vom Bodensatz
der Gesellschaft**

Mario Stenz

Widmung:

Ineke S., Karl F. und alle denen, die in prekären Verhältnissen leben und jenen, die in den Gedichten angedeutet werden und mit denen ich ein Stück des Lebensweges durch unsichere Zeiten ging.

„Sagte der Abgrund zu Hamlet: (…) Verlass` mich für immer und verbringe den Rest deiner Tage damit entschlossen und hart zuzupacken. Warum deine Wut tief in dir ruhen lassen (…)? Lass` deine Handlungen deine Geschichte erzählen. Das Physische ist die Manifestation deines Geistes. Lass` deinen Geist vor Wut strotzen. Lass` deine Stärke außergewöhnlich und kontrolliert sein. Der Durchschnitt ist die Begrenzung. (…) Los!"
Rollins, Henry: Solipsist, S. 22.

„Der Künstler wählt einen bestimmten Ausschnitt der Wirklichkeit, aber dieser Selektionsprozeß ist gleichzeitig ein Prozeß der Objektivierung. Sobald wir uns seine Perspektive zu eigen gemacht haben, sind wir genötigt, die Welt mit seinen Augen zu betrachten. Es scheint, als hätten wir die Welt nie zuvor in diesem besonderen Licht wahrgenommen."
Cassirer, Ernst: Versuch über den Menschen, S. 225.

„Diese Arbeiter, die sich stückweise verkaufen müssen, sind eine Ware wie jeder andere Handelsartikel und daher gleichmäßig allen Wechselfällen der Konkurrenz, allen Schwankungen des Marktes ausgesetzt."
Marx/Engels: Manifest der kommunistischen Partei, S. 532.

„Im Übrigen arbeiten wir nicht mehr: wir jobben. Das Unternehmen ist kein Ort, in dem wir existieren, es ist ein Ort, den wir durchqueren. Wir sind nicht zynisch, wir haben nur Vorbehalte, uns missbrauchen zu lassen."
Das unsichtbare Komitee: Der kommende Aufstand, S. 27.

„Die (sic!) Prekariat ist Teil einer neuartigen Herrschaftsform, die auf der Errichtung einer zum allgemeinen Dauerzustand gewordenen Unsicherheit fußt und das Ziel hat, die Arbeitnehmer zur Unterwerfung, zur Hinnahme ihrer Ausbeutung zu zwingen."
Bourdieu, Pierre: Gegenfeuer. S. 100.

„Leben, die sind, als ob sie nicht existiert hätten, Leben, die nur vom Zusammenstoß mit einer Macht überleben (…), Leben, die uns nur wiederkommen dank vielfältigen Zufällen – das sind die Infamen, von denen ich einige Reste hier versammeln wollte."
Foucault, Michel: Das Leben der infamen Menschen. S. 22.

Inhalt

- Vorwort 4
- Begrüßung 8
- Lächeln 9
- Goethe 10
- Zoo 11
- Ziel 12
- Ekel 13
- Verkehrung 14
- Rückspiegel 15
- Denkmal 16
- Käfig 17
- Eldorado 18
- Saturnalien 19
- Fußvolk 19
- Garten 21
- Übermensch 22
- Zuneigung 23
- Bejahung 24
- Wunde 25
- Idealismus 26
- Nachtmusik 27
- Freiheit 28
- Sisyphos 28
- Horizont 29
- Radio 30
- Feierabend 31
- Arbeiter 32
- Idiot 33
- Ahnung 34
- Matratzenelegie 35
- Verklärung 37
- Freude 38
- Identität 39
- Umsichtigkeit 40
- Kollegialität 41
- Würde 42
- Lehrer 44
- Wettstreit 45

- Farben 46
- Romanze 47
- Tragödie 48
- Andacht 50
- Wahrheit 51
- Freitag 52
- Option 53
- Requiem 54
- Bedürfnis 56
- Erhebung 57
- Einsamkeit 58
- Märchen 59
- Tyrann 60
- Klima 61
- Schachmatt 62
- Gewohnheit 63
- Beschaulichkeit 64
- Weisheit 65
- Frühschicht 67
- Hälfte 68
- Alkohol 69
- Liebe 70
- Exempel 71
- Flexibilität 72
- Lob 74
- Wertschätzung 75
- Fieber 76
- Deutscher 77
- Selbstachtung 78
- Nordsee 79
- Nachschub 80
- Charakter 81
- Wortlos 82
- Pausenraumblues 83
- Leistung 84
- Beruhigungsmittel 85
- Säulen 86
- Geheimnis 87
- Klimawandel 88

Tod	89
Druckmittel	90
Haltung	90
Urlaub	91
Überlebenskunst	92
Widerständchen	93
Aufstieg	94
Verbitterung	95
Sommer	98
Schwarz	99
Mut	100
Atem	101
Praxis	102
Kamerakultur	104
Alltag	105
Fremde	106
Teilhabe	107
Flair	108
Entwurzelung	109
Lachen	110
Ufer	111
Milchmädchen	112
Schönheit	113
Nichts	114
Diagnose	115
Büro	116
Schwebe	117
Konjunktiv	118
Abschied	119
Warten	120
Aufrichtigkeit	121
Zen	124

Vorwort

Ein Lyrikband benötigt in den meisten Fällen keine einleitenden Worte. Denn in der Regel stehen die einzelnen Gedichte für sich. Diese Unabhängigkeit des Gedichts ist im Folgenden zum Teil ebenfalls gegeben, dennoch werden einige Gedichte besser verständlich, wenn der Kontext, aus dem sie entstanden sind und der ihnen Sinn verleiht, erläutert wird.

Und der Aspekt, der dem Gedichtband Kohärenz und Zusammenhang gibt, ist alltäglich und doch besonders: Es entstammt aus dem, was „man" gemeinhin als „normales Leben" bezeichnet und praktiziert. Im Zuge dieser „Normalitätskollision" erhält es den heiter-melancholischen Grundton in weiten Teilen aus der Erfahrung mit dem verhassten Heiligtum der west- und restlichen Welt: *der (Erwerbs-)Arbeit*. Denn was kann Arbeit im Sinne eines Berufes nicht alles sein: „Rückgrat des Lebens" (Nietzsche), Indikator für die soziale Stellung, Indiz für persönliche Eigenschaften wie Intelligenz, Durchsetzungsfähigkeit, Interessen usw., Möglichkeit der Selbstverwirklichung und des kreativen Ausdrucks, Lebenssinn, Zeit für Sozialkontakte, Tagesstrukturierung und - nicht zu vergessen - die Kernfunktion zur Produkterzeugung und der Sicherung des Lebensunterhalts. Und zugleich kann Arbeit in Form eines „Jobs" Plage und Mühe sein, bezahlte Zeitverschwendung, ungeliebtes Mittel zum bloßen Zweck, notwendiges Übel, Grund für soziale Abwertung bei wenig anerkannter Arbeit, sie kann in Form von Burn-Out, Depression, Rückenleiden usw. psychisch und/oder physisch krank machen und existentiell niederdrücken. Kurzum: Arbeit kann je nach Stellung, Bedingung, Perspektive und Erfahrung Himmel und Hölle sein. Dieser Gedichtband handelt vornehmlich von Zweitem.

Konkret handelt der Gedichtband von einem Lebensabschnitt, in dem ich mich als Lagerarbeiter im Schichtdienst in einem Logistikunternehmen verdingte.[1] Es liefert eine Art lyrischen Gefühls- und Milieubericht der

---

[1] Der Name des Unternehmens tut nichts zur Sache, denn es steht kein einzelnes Unternehmen im Fokus, da die hier geschilderten Erfahrungen m. E. nur das Exempel gesamtgesellschaftlicher Tendenzen widerspiegelt, die man in ähnlichen Ausprägungen in jedem anderen Unternehmen hätte erleben können/erleben kann, das gewerkschaftsfrei und profitorientiert agiert und hierarchisch organisiert ist, Leiharbeiter und Menschen mit Migrationshintergrund usw. beschäftigt.

unteren Gesellschaftsschicht, die als sogenanntes „Prekariat" im Kapitalismus die Schwächsten in der Wertschöpfungskette und den Schwankungen des Marktes am heftigsten ausgesetzt sind, da sie oft eine geringe Qualifizierung und/oder Bildung haben und damit ihre Möglichkeit auf Aufstieg im Keim erstickt wird bzw. sie vom sozialen Abstieg bedroht sind.

In diesem Zusammenhang schildert das Gedichtband den Mikrobereich der Erfahrung mit der liberalen Marktwirtschaft, Leiharbeit, Unlust, Arbeitslosigkeit, Macht, Müdigkeit, Freude, Konkurrenz, Ressentiment, Monotonie, Verachtung und Erniedrigungen, erlebtem Nazismus, Alkohol- und Sehnsucht, Sinnfragen, Liebe und das Ringen um Gelassenheit, was in Konservatismus mündet. Kurzum: Es wird der ganz normale Wahnsinn dieser Zeit verdichtet.

Während meiner Studienzeit hatte ich, um mir mein Leben und mein Studium zu finanzieren, über fünf Jahre eine Anstellung in einer global agierenden Spedition, welche aufgrund des so genannten „Outsourcings" die Dienstleistungen von Lagerung, Kommissionierung, Umpack- und Auslieferung der Produktionsfirmen übernahmen. Da ich in den Semesterferien, aber auch die Woche hindurch und am Wochenende fast mehr Zeit in der Spedition als an der Universität verbracht habe, identifizierte ich mich vorübergehend mit dieser Art des Lebens und fühlte mich mehr in der Rolle des Arbeiters - genauer: des Dienstleisters-, „heimisch" als in der des Studenten.[2]

Meine Aufgabe während dieser Zeit war die des Kommissionierers von Gebäck- und Tabakwaren. Aufgrund meiner offenen Art, meiner schnellen Aufnahme- und Lernfähigkeit, sowie der inoffiziellen Sonderstellung als „der Student" wurde ich zudem in diversen Abteilungen eingesetzt,

---

[2] Denn während des Studiums war noch ungewiss, ob ich den anvisierten Abschluss überhaupt erreichen wollte, da ich zu dieser Zeit noch auf der Suche nach einem Platz in der Gesellschaft war und nicht mit Sicherheit sagen konnte, ob das Studieren im Allgemein und die Studienrichtung im Speziellen für mich ein sinnvolles Betätigungsfeld bot. Und selbst wenn ich den Abschluss mit Gewissheit erreicht hätte, so war dies noch keine Garantie eine passende Anstellung auf dem Arbeitsmarkt zu finden. Die Zeit war auch für mich mit Blick auf meine soziale Lage und eigene Zukunft prekär, da ich nicht wusste, was das Kommende bringen würde. Obgleich philosophisch gesehen: Da die Zukunft generell offen und unsicher ist, ist die existentielle Grundsituation des Menschen *per se* prekär.

wodurch ich mit vielen Menschen sowie deren Schicksalen und verschiedenen Arbeitsbereichen letztendlich bereichernde und prägende Erfahrungen machen konnte.[3]

In dieser Zeit lebte ich eine janusgesichtige Existenz und führte ein Leben mit zwei Anteilen in der Seele - einem öffentlichen und einem privat-lyrischen Ich. Dieses war das des pflichterfüllenden, mehr oder weniger guten Dienstleisters, der seine Arbeit machte, weil er vom monatlichen Gehalt zur Existenzsicherung abhängig war und ist. Jenes dagegen war das Alter Ego und das eigentliche, integre Ich, das wie ein wachsamer Spion in der Betriebsamkeit des Alltäglichen umherschaut und die bedeutenden, bewahrenswerten Erlebnisse und Gedanken in den Pausen oder nach Feierabend aufschrieb.

Was im Kommenden zu erwarten ist, kann nach dem hier Gesagten als „Arbeiterlyrik", „Profan"- und/oder „Prekariatspoesie" „ordinary life poetry" oder ähnliches bezeichnet und eingeordnet werden.

Auch wenn der Titel des Gedichtbandes es nicht erwarten lässt, so findet sich auch „schöngeistige" Liebeslyrik unter den Aufzeichnungen, da die Liebe eine nicht unbedeutende Rolle in dieser prekären Zeit spielte. Wer zudem bild-, assoziationsreiche und verspielte Poesie in geschwungenem und erhebendem Ton mag, der wird vereinzelt auch fündig werden. Dennoch: Die Sprache derer, die sich noch die Hände schmutzig machen, nach getaner Arbeit mit Schwielen und Rückenschmerzen nach Hause gehen, ist nicht selten fäkalaffin, vulgär, direkt und brutal ehrlich. Und ich habe mir die Hände schmutzig gemacht, Schwielen und Rückenschmerzen erarbeitet und ebenso ist der Habitus der Sprache: Zumeist frei heraus, unumschweifend, schonungslos und umgangssprachlich, eine Art lakonischer Lyrismus, der auch vor einem derben Ton nicht zurückschreckt. Die Ursprungsworte wurden nicht allzu lange abgewogen und gewählt, sondern auf Papierfetzen, Toilettenpapier[4], Notizblätter usw.

---

[3] Die Erfahrung in der Spedition festigte aber letztlich in mir den Wunsch und Willen das Studium mit einem guten Abschluss zu beenden, um mehr Möglichkeiten zu haben und ein besseres Leben führen zu können als ich es in dieser Zeit am eigenen Leib und im Leben der Anderen erfuhr.

[4] Ob ich dieses Toilettenpapier besser unbeschrieben gelassen und seinem ursprünglichen Zweck zugeführt hätte, kann und darf der Lesende am Ende der Lektüre beurteilen.

hingeschrieben gerade so wie sie heraus kamen, - vielleicht sogar aufgrund einer inneren Notwendigkeit zur Erleichterung spontan *heraus mussten*.[5] Kurzum: Dem Gewöhnlichen wird so ein adäquater, authentischer und aufrichtiger Ausdruck verliehen, so passend wie es meines Erachtens und Beobachtens der Stimmung und Situation angemessen erschien. Das heißt: es wird nur beizeiten romantisiert, aber viel gestürmt und gedrängt, naturalistisch dargestellt, humoristisch gereimt und leicht und lyrisch in Form von „Szenengedichten" berichtet.

Beizeiten mag darum die Metaphern- und Wortwahl zugegebenermaßen etwas unterhalb der Gürtellinie des guten Geschmacks situiert sein. Aber erstens liegen die Wortwahl und der Ton der Musik gleichsam in der „Natur der Sache", um ihr gerecht zu werden. Und zweitens: was heißt schon „guter Geschmack"? Wer würde sich heute in der so genannten Post- und/oder Spätmoderne noch anmaßen einen von Peinlichkeit bedrohten Versuch zu unternehmen *den guten* Geschmack *allgemeingültig* zu begründen und kanonische Kriterien in Bezug auf die Beurteilung von Schön und Hässlich von der Kanzel der Kunsttheorie zu verkünden? Der ästhetische Geschmack ist nur eine Metapher für ein *subjektives, beobachterabhängiges* Unterscheidungsvermögen des Schönen vom Unschönen und das fast dogmatische Festhalten an Kulturbeständen, die man als „klassisch" etikettiert, sowie die Propagierung eines „Kanons des Abendlandes" sind wohl treffender als bildungsbürgerliche Distinktionstendenzen und ein pädagogisches Großprojekt, sprich eine Erziehungsideologie und -praxis, zu bezeichnen.

Damit aber genug der einleitenden Worte, bevor ich weiter in kunst- und kulturtheoretische Überlegungen abdrifte. Zurück zum Eigentlichen, zurück zu den Worten, die dem Schweiß, den Schmerzen und der Monotonie einen Sinn abrangen, indem sie ihm Ausdruck verliehen. Der Entstehungskontext der Gedichte dürfte hinreichend erläutert sein. Lassen wir sie nun für sich sprechen. Ich wünsche kleine Anregungen und gute Unterhaltung.

---

[5] Die Gedichte wurden zumeist nach der ersten, oft skizzenhaften und schnellen Niederschrift noch einmal bearbeitet und an Rhythmik und Form gefeilt.

Begrüßung

Ich begegnete ihm still, aber wach
Wie schon gestern auf dem Gang
Zur herben Schönheit der Nacht
Am unteren Rand des Geschehens.

Es regnete Schwärze und Scherben,
Die Stahlwände und Felder umher
Standen derweil kalt und reif im Frost,
Gefroren und eingefurcht,
Wie die verlebt, ledernen Züge
Seines betretenen Gesichts.

Mit einer knappen Handbewegung
Grüßten wir einander,
Handelten weltmännisch
Und höflich in wenigen Worten
Die Hoffnung und das Wetter ab,
Fielen sodann zurück,
Über die Stufen in uns
Ins Schweigens hinab,
Fünf bekannte Minuten bevor
Wir an die Arbeit gingen,
Und die Leere vom Fließband
Ihren Lauf ins Offene nahm.

Lächeln

Die treue Eintönigkeit grüßte und ich
War nicht der Müdeste am Montag
Und in Anbetracht der Schwerkraft
Verfallenen Mundwinkel am Werke
Augenscheinlich auch nicht jener
Mit der schlechtesten Laune im Umlauf.

Ernüchterte Schwere, Montagsmelancholie
Lag wie dunkles Blei in den Gesichtern,
Die nur beizeiten ein Lächeln hob,
Das mit der gestempelten Bitterkeit brach
Und flüchtig wie eine Eintagsfliege
Auf schönere Sphären wies.

Manchmal, schüchtern und scheu,
Glänzte es auf, dieses Lächeln,
Huschte flink zu bestimmten
Anlässen und Sätzen, wie eine
Heilige Alchemie der Erlösung
Über die Lippen der Arbeiter.

Es wandelte Lebenslast in Leichte,
Schwärze in einen dünnen Strich
Getünchter Farbe voll Vergessen,
Bevor die feste Form der Gesichter
Der alten Fährte folgte und fiel,
Um sich aufs Neue zu versteinern.

Goethe

Der hässliche Lärm der Welt ist verklungen.
Die quäkenden Förderbänder stehen still.
Ein klappriges Rattern erinnert sich gedrungen
In mir, der außer sich, nichts mehr hören will.

Acht Stunden Anspruch und akustische Gewalt
Mit einem Gebläse im Hintergrund als Dauermusik,
Die zuhause erst gemächlich, wie Geschrei verhallt,
Dass ich mich hirngewaschen an den Abend schmieg´.

Selbst das süße Geflüster der Liebe klingt gereizt
Nach Feierabend in meinen blasierten Ohren,
Wurde doch meine Seele wie Kohle für Kohle verheizt,
Die nach der Arbeit zur Aufnahme unwillig und eingefroren.

Drum suchte ich mir einen schönen und heiligen Ort
Vom dem ruf ich dem guten Goethe über den Gipfeln zu:
Privilegierter Du, gewiss, droben im Götterhort,
Aber auch auf der Schüssel - beim Scheißen ist Ruh!

Zoo

Gelegentlich
Gehen die Bosse
Mit möglichen Kunden
Durchs Unternehmen
Und unseren Bereich.

Wie Touristen
Beäugen sie alles,
Vorsichtig im Schritt und Blick
Betasten sie dann bedächtig,
Die tollen Gerätschaften
Für viel Geld und so,
Während sie uns Arbeiter
Merkwürdig verwundert
Und
Flüchtig
Mit einer gewissen Abscheu begaffen,
Ganz so als seien wir
Irgendein exotisches Viehzeug im Zoo,
Ein seltene,
Aber entbehrliche Rasse
Rosa Ratten,
In der Kaste der Unberührbaren,
Die von
Einer unheilbaren Krankheit
Befallen
Nur Kosten
Und
Gestank fabriziert.

Ziel

Ich weiß
Um deine Liebe und dich
Und eine Reise
Ins unbekannte Königreich
Als erhofftes Ziel
Nach dem Räuspern.

Zweites scheint vage
Und nicht sicher,
Aber in Gedanken
Gewährt mir beides
Eine Insel
und
Eine Stätte der Stille,
In der gepflegten Industrie
Und
Den bewegten Stürmen
Dieser überstolzen Tage
Ohne höhere Zuflucht
Und
Letztes Asyl.

Ekel

Als endlich über den Berg der Frühling
Mit Flammen und jungen Wiesen kam,
Schön und prall wie die neun Musen,
Ein geistiges Paradies
Gemacht für Träume, Lyrik und ein Buch
Klopfte ich an die Betriebshalle
Und japste.

Verdammt, vermocht ich´s, dann
Schnitzte ich aus Schokolade und Glückskeksen Geld
Und spendete allen und mir eine Million,
Um Gerechtigkeit, in die drei Welten zu säen.

Doch nichts ist´s mit der Geldträumerei
Und dem besoffenen Zauber.
Malträtiert von einem Ideal
Klebt mir Ekel am Munde,
Der Herpes der Erschöpfung höhlt mir,
Mit der Arbeit als Kreuz
Das müßige Hirn und tunkt
Den freien Gang der Gedanken
In Blut und segnendes Feuer.

Verkehrung

Ich betrat die Halle über eiserne Stufen
Und alles schwieg frei und freute sich
In einer Musik rings zu meinen Füßen.
Mein Schritt hallte beim Gehen am Grunde,
Der lockere Gang tanzte mit den Augen
Und mein Herz atmete zu leisen Tönen auf,
Dass die Herrschaft über die Maschinen
Noch in des Menschen Händen lag.

Doch die hohe Leichtigkeit des Gangs
Und der bewegte Tanz in der Traumblase
Platzte und hielt solange nur, bis irgendwer
Aus Gewohnheit den Startknopf drückte,
Und die Verkehrung der Macht
Von Kapital, Technik und Markt
Über den Mensch, auf´s Neue
Mit Lärm in den Tag eintrat.

Rückspiegel

Der Morgen zerrinnt
Zerrupft wie Regen,
Der Tacho zeigt hundertachtzig,
Die Uhr sechs in der Früh
Und ich auf der Überholspur,
Feiere Überwindung,
Die Freude eine neue Woche
Im Rückspiegel
Alt und am Ende zu wissen.

„Und wie war´s? - Wie immer!"

Die Wiederkehr des Ewigähnlichen
Stimmt mich allergisch,
Doch am Nachtwerk derweil
Lachte ich wundersamerweise nicht wenig,
Sang solipsistisch zur Selbsterheiterung,
Lernte dabei einige Fetzen Fremde wie etwa
„Penis" und „Ich liebe dich" auf Russisch sagen
Und den Charakter des Lebens erneut
In Gestalt eines Menschen kennen,
Dem die Zeit ,
Unter dem Joch der Arbeit, fürs Gelde allein,
Leiden verheißt.

Leben bevorzugt oft Unlust
Und Schmerz für seinen Unterhalt:
Diese Lektion lernt` ich wieder mal
Und lenke mich nun,
Begossen mit einem Bier,
Buddhas Wahrheit zu Ehren,
Über die Autobahn
Richtung Bett.

Denkmal

Die alte Dame, die knapp unter mir,
Ein schönes Stockwerk tiefer wohnt,
Hat ihr ganzes Leben malocht,
Und vegetiert nun wie eine übersehene
Blume dahin und hat nichts mehr zu lachen.

Dreimal am Tag kommt die Pflege vorbei,
Manchmal besucht sie auch ihr Sohn,
Fern schaut sie nicht, Freunde, Bücher
Und gesunde Beine besitzt sie keine und
Ihre Wohnung erkennt sie kaum mehr.

Manchmal gehe ich zu ihr hinunter
Wenn sie in tiefer Nacht ans Bett klopft
Und zur Toilette muss oder am Boden liegt,
Weint und nicht mehr aus eigener Kraft
Mit dem Kopf Richtung Sterne gelangt.

Dann helfe ich ihr, hör ihr zu, halte
Einfach ihre zerknüllte Hand oder rede
Mit ihr über die beängstigenden Käfer,
Jene rotbeäugten Viecher, die sie sieht,
Aber für mich und andere nicht existent sind.

Gestern nach einem hohen Spaziergang
Unterm fetten Licht des elften Mondes,
Sah ich durchs Küchenfenster wie sie
Mit dem Finger weisend zu wem sprach,
Obwohl niemand sonst im Raum war.

Nun gut, Selbstgespräche führe ich auch
Dennoch hätte mich brennend interessiert

Was sie sagte - vielleicht, dass sie nicht mehr lachend
In den Frühling tanzt oder einfach und ehrlich,
Dass allein und vergessen zu altern, keine Freude ist.

Käfig

Im Pausenraum
Lag die Wochenzeitung
Gespreizt auf dem Tisch
Und zeigte den Stellenmarkt.
Der Duft der gedrückten Hoffnung strömte aus.
Leichte Telefontätigkeiten gab`s im Angebot,
Einen Kellnerjob im Bereich Service und Zubereitung,
Reinigungskräfte waren gefragt,
Ein LKW-Fahrer erfordert,
Maler und Lackieren gesucht,
Selbst eine seligfeuchte Stelle für einen
In der Pornobranche fand sich.

Wer auch immer die Zeitung so hat liegen lassen,
Die Seiten waren ihm wohl
Wie ein erwünschter Ausweg aus der Hölle,
Gut genug für einen dünnen Tagtraum
Auf bessere Konditionen
Und ein schöneres Einkommen im Käfig
Ohne Entkommen
Vor siebenundsechzig.[6]

---

[6] Zu Zeiten der Niederschrift war die Rente mit siebenundsechzig noch gesetzlich festgelegt. Auch wenn dies nun nicht mehr der Fall ist, so bedeutet dies aber keineswegs, dass in der nächsten Legislaturperiode die gewählten Parteien diese Reglung beibehalten werden.

Eldorado

Es regnet freigiebig Perlmutt
Und der drückende Himmel
Besprenkelt gedankenschwer
Die verseuchten Kelche im Gras
Mit einer Legion Säure und Silber.

Ich höre zerrissene Landschaften
Und das groß, groteske Klangwerk
Eines kranken Genies an der Nadel,
Während meine drei Füße, nackt und
Voll Sehnsucht, auf der Fensterbank ruhn.

Meine Liebe ist für eine Woche weg,
Die Wohnung weit von daheim,
Und ohne ihre Lächeln und den
Warmen Griff ihrer Augen,
Verdammt leer und unbelebt.

Unbelebt wie mein Hang
Nach Freunden, Sport, Masturbation,
Fernsehen, Büchern und Bier
Oder was sich sonst noch frei
Zur Lebens-Unterhaltung anbietet…

Meine drei nackten Füße lugen müde und
Kopflastig durch eine trübe Scheibe
Tief auf eine namenlose Straße,
Die, ohne Liebe, geradewegs hinab,
Ins Eldorado der Langweile führt.

Saturnalien

Wechselten die Inhaber der Industrie
Und die heiligfrohen Kapitalisten
Ein Jahr in dreckige Arbeiterklüfte
Und Rückenschmerz gegen das Schöne,
Vielleicht, man weiß es nie,
Mehrte einmal dies Dasein zu fristen
Und der Fabriken trockene Lüfte
Ihr Mitgefühl für bessre Löhne.

Fußvolk

Ich musste ins Büro,
Eine Frage meines verspäteten Gehalts stand offen.

Zwei Menschen in ihrer Rolle
Fand ich dort verkleidet sitzen,
Die zuständige Sekretärin und den Unternehmensberater, oder so,
Einer von der übelsten Sorte Snobismus
Und schreiendem Selbstgefallen,
Der unweit von ihr saß und
Am Computer spielte.
Er stank bedrohlich, sein Parfum lag stechend
Wie goldene Jauche im Raum.

Die junge Frau war nett,
Aber grobkantig und inkompetent: sie gab mir
Keine befriedigende Auskunft,
Sondern nur die Telefonnummer von einem der Oberen.

„Sie können gerne Herr... selbst anrufen,
Und nachfragen", hörte ich sie sagen,
Als er errötet und herablassend in die Szene einstieg
Und zu *ihr* meinte, als sei ich weniger als Luft:

„Aber Frau.....! Herr.....
Ist einer der Höchsten in der Firma,
Da kann man nicht
So einfach jeden anrufen lassen!"

Aha! ich hatte verstanden, nahm ein Näschen
Und hielt meine Wut an mir:
Das Fußvolk, das die Sänfte des Königs trägt
Ist nicht würdig gehört zu werden!

Ihn lauthals als Wichser oder ähnliches zu bezeichnen
Verbot ich mir,
Ertastet aber mein Folienmesser in der Hosentasche
Und befand
Seinen Peugeot 607 draußen auf dem Parkplatz,
Tiefergelegt und
Mit einem Satz neuer Breitreifen bestückt,
Als eindeutig hübscher.

Garten

Nach beendigter Arbeit
Umarmte ich gepflegt einen Freund zum Bier.
Sechs Stunden präsent,
Unterhielten wir uns über den Geist zwischen den Zeilen,
Morgen und Melodien,
Lachten über Flachheiten im bebilderten Volksempfänger,
Reuelose Erfahrung
Und der Götter belebendes Fleisch,
Bis der Tag ergraute
Und erschlafft der treue Schlaf mich rief.
Doch unverschwendet
Wusste ich die Zeit zwischen den Gezeiten der Arbeit,
Vielmehr Freundschaft
Neben der Liebe als ein Großes gestellt,
Reich und golden,
Hochgeschätzt wie ein Gang zu zweit im Garten
Und ein Fest der Menschlichkeit
In unserer Eiszeit und dem Gehäuse aus Stahl.

Übermensch[7]

Der Kalender deutete auf Montag.
Ein Kollege und ich standen vorm Computer.
Er nahm einen Scanner, der stank,
Und die Zettel mit Strichcodes vom Tisch,
Grüßte mich und meinte:
„Ja, ja -
Scanner und PID,
Scanner und PID,[8]
Immer das Gleiche,
Ein ganzes Leben!"
Woraufhin er schweigend
An die Arbeit ging,
Ich,
Seine Stärke bewundernd,
Dastand,
Dazu ein dummes Gesicht machte
Und
Wusste:

Der Übermensch,
Ein Held des Prekären
Ein zartes Arbeitstier
Mit Stoizismus im Blut,
Und dem schrägen Hang
Zur bittersten Betrachtung.

---

[7] Vgl. zum eigentlichen Begriff des „Übermenschen" u. a.: Nietzsche, Friedrich: Also sprach Zarathustra. De Gruyter Verlag 1999.
[8] PID = Etikettierlabels mit Strickcode, die von einem Handscanner gelesen und an Paletten geklebt werden, um diese im weiteren Arbeitsvorgang identifizieren zu können.

Zuneigung

Er, ein Kollege,
Jung, unerfahren und eingebildet,
Aus Faulheit falsch und fett,
Ein Friseur mit halber Ausbildung,
Narzissmus und zimperlicher Pedanterie...

Ich verabscheue seinen billigen Humor,
Sein holprig, hustendes Lachen,
Letztlich missfällt mir seine Art und ich weiß,
Er lästert
Hinter meinem Rücken
Zur Selbsterhöhung
Über andere
Und mich.

Gestern, nach der Arbeit
Machte ich ihm ein Geschenk.
Ich war gönnerhaft, gnädig, aufrichtig und gut
Und verstaute meine beschissene Unterwäsche
Und dünn getragenen Socken
Mit einer Widmung darauf
In seinem modischem Rucksack.
- Ich denke, er weiß wofür,
Denn mit wohlwollenden Worten,
Kam ich seinem Verständnis
Leider nicht bei!

Bejahung

Die gedimmte Kerze saß am Fenstersims,
Gewährte dem Raum eine eigene Melodie,
Wie der Wein verstoffwechselt Funken und
Im Bad des Ichs eine fabulöse Idylle sprühte.

Meine Liebe lag auf dem Sofa und schlief.
Ihr Kopf auf meinem Schenkel, eine Hand
Im heimischen Schoß, während die andere
Mit samtenen Finger auf ihrer Wange ruhte.

Und ich zur Musik und der Zeile im Meer,
Zeichnete mit jungem Aquarell den Morgen,
Schaute glasklar durch verwässerte Augen
In ihre Träume hinter geschlossenen Wimpern.

Sie sah ich und im Sand den Sommer lebendig,
Ich sah den Frieden, die Erkenntnis und Anmut,
Sah die Schwärze und Freiheit schwanger gehen-
Ich sah in ihr alles atmen, was ich bejahe.

Wunde

Draußen herrschte das Dunkel noch,
Während in der Küche zitterndes Licht
Den gedeckten Tisch durchschnitt und
Mit grellen Schlägen die Wände tapezierte.

Ich saß auf dem Stuhl in der Stille,
Schlürfte ein letztes Erwachen und wartete,
Als wie immer der Zeiger gefühllos Richtung Ende kroch.
Ich wünschte, wie schon in hundert Träumen,
Die Woche wäre bereits alt und gewelkt,
Dabei zählte sie, die erste Stunde kaum.

Und während ich so beschaulich da saß, sprang
Mir glühend der Gedanke an die gefaltete Stirn,
Wie absurd und widersinnig es doch ist,
Die teure Lebenszeit gern gezählt zu wissen.

Welch´ splittrigen Pfahl treibt Zwang und Unlust,
Das Sein zum Gelde, mir und manch anderem wohl
Gemächlich über Wochen in die murrenden Eingeweide, derweil
Die soziale Schere wie eine Wunde klafft und die Herren der Welt,
Sich genießend, über Existenzen gehen und regieren,
Und im Überfluss mit rosa Champagner gurgeln.

Idealismus

Wir kamen zur gleichen Zeit an der Tanke an.
Er war gekämmt und trug noble Kleider,
Fuhr ein Auto der gehobenen Klasse
Und wohl eine goldene Master Card spazieren.

Später stand ich an der Kasse, bezahlte
Kaugummi, Dosenbier und Zigaretten.
Mein Portmonee lag auf dem Tresen,
Im Innern offen da, mit einem Bild von ihr darin.

Der Fremde schaute über meine Schulter,
Sah das Foto meiner Liebe und meinte: "Hübsche Frau!"
- „Ja, nur mit Geist und ganz ohne Mercedes geangelt",
Erwiderte ich - und ging an ihm vorüber!

Nachtmusik

Ein schönes Adagio spielt die Stille.
Der Wind in den Sternen und
Der Regen im Rinnsal kreuzen
Ihren Klang am Kopfrand der Kerze.

Nacht ist es wieder mal,
Der Zeiger tief gesunken
Und ich nippe schweigend
Für diesen gefallenen Tag
Ein Letztes in tanzenden Träumen.

Doch keine Leere plaudert,
Eher ein Verbrauchtes, weil
Ein Gutes sich ergab und ergibt
Wenn alles getan und wie nun
Die wache Stunde gestrichen scheint.

Und so lege ich gleich froh und in Frieden
Meine Liebe und mein Müdes ins Meer,
Zur ihr, in Mondmilch-Erwachen und
Die Arme von indischem Mohn.

Freiheit

In der Ferne vor der Tür
Flogen Krähen übers Feld,
Sie glitten schön und frei,
Oder waren´s Reiher?
Jedenfalls waren´s zwei.

Ich fragte mich so denn:
„Wofür nur straft uns das Geld
Mit täglicher Gängelei,
Ist der Mensch nicht freier?
Sind wir frei?"

Sisyphos

Sisyphos rollte einen Stein den Berg hinauf
Und ewig rollte der Stein wieder hinunter,
Doch in diesem absurden Lebenslauf
Blieb der Königliche froh und munter.

Wir Sterblichen nun sollen Sisyphos gleichen,
Wir Menschen in unseren prekären Lagen,
Sollen dem hohlen Leben die Hände reichen
In dem sich Sinnlosigkeit und Glück vertragen.

Doch wenn ich den Gedanken auf mein Leben übertrage,
Da fühle ich weniger Sonne und Sinn als Seelennot,
Und so stellt sich mir im Ernst die Frage:
„War Sisyphos vielleicht - ein Idiot?"[9]

---

[9] Vgl. dazu: Camus, Albert: Mythos von Sisyphos. Ein Versuch über das Absurde. Rowohlt Verlag 1997. S. 123-128.

Horizont

Die grauen Wände der hohen Häuser beiderseits
Sahen wie klaustrophobische Wellen aus,
Furchteinflößende, melancholieschwere Betonberge,
Herzlos und kalt, Sekunden vor ihrem Kollaps.

Und die Straße mit ihren drögen Gesichtern,
Eine steinige Allee voll Lärm und Fremde, führte
In schwindlige Höhen, über die ich allein,
Aufrecht hinab Richtung Abend ging,

Bis plötzlich, am Ende der Stadt und des Horizonts,
Durchs dichte Gewölk über feiste Dächer, ein Fleckchen
Lebendiges Blau meine Sehnsucht in Träumen
Mit Flügeln ans Meer nach Hause trug.

Radio

Ein billiges Transistor-Radio trällert
Durch die Halle und Schichten,
Erlässt neue Evangelien in den Raum
Und brühtet sehnlichst Süchte aus.
Man wirbt für was man brauchen *soll*,
Von Auto bis Zeitung und zurück
Durchspült es die Hirnwindungen
Mit Pillepalle und Plastikgütern
Und beeinflusst durch Wiederkehr.

Die Singsanglieder fürs Volk im Äther
Klingen alle gleich, obenauf und geläufig
Und geben gelungen die heile Titelmusik
Zum Tand und Terror in den Nachrichten,
Als süße Untermalung der schönen Welt,
Die jeden, der denkt zu Tränen anregt.

Der Widerstand gegen die Eintrübung,
Nicht zu werden wie die Anderen
Kostet Schläge und Kraft, aber was soll´s!
- Lass sie Seichtes singen und Kot kaufen,
Was hat`s mich zu bekümmern,
Mir, dem die liederliche Blüte
Im Verborgenen ins Freie blüht.

Eins nur Sportsmann:
Bleib wachsam und kritisch und
Dir und dem Punkrock treu.

Feierabend

Als die Schicht schloss
Und ich schon im Auto saß,
Deutete nur der Schmerz
Im knarrenden Wirbel
Auf das Vergangene hin.

Doch da tat ich`s bereits froh
Der Pforte und achten Stunde gleich,
Wo hinter der formbaren Grenze
Die Firmenschranke endlich
In den offenen Abend fiel und

Ein loses Gesetz durch den ersten Ton
Des Schweigens, mir aufs Neue, Musik und
Den Glanz der Gestirne in einer Hymne
Heilig hieß, von wo herab, durch die Stille
Im Chor ein glorreiches „Leckt mich!" klang.

Arbeiter

Ihre Füße sind Straßen, besohlt mit Leder
Und mit Erleuchtung die Hände geweiht,
Das gebeugte Rückgrat aus sprödem Glas
Durch das Gewicht des Erbauten gestählt
Und von einem Geldgelübde zäh über die Zeit
Der schleppende Gang zur Säule erwachsen.

Ihre Blicke durchströmt Argwohn und Leere
Jene Genossen der Grobheit in manch Dingen,
Wie wohl am Geist der Bücher und Brüste,
Doch Anteil hat ihre Schweiß und Blut am Baum
Der bewahrten Gebilde, Produkte und Plätze
Über Tag, Jahr und Jahrhunderte hinweg.

Sie kennen das feuchte Gespräch in der Spelunke
Nikotin als Freiheit und zum Tode den Pflasterstein.
Das Anfassen als Art der ausströmenden Formbarkeit
Wie auch das schwere Ackern in niederer Klasse,
Den rohen Stundenkampf, mit ächzenden Gliedern
Für Frau, Kind und das kleine, häusliche Glück.

Ihnen schält die zentrierte Schicht den Schädel
Und stiehlt der mächtige Markt den heiligen Schlaf
Dass sie geworfen, von täglicher Plage zu Plage,
Geboren für längere Lust und den Luxus nicht,
Die schwindenden Jahre zu überleben ringen, wofür
Ihnen Respekt und ein passabler Verdienst gebührt.

Idiot

Er, Michael sein Name,
Arbeitete mit mir in der Schicht.
Er war etwas langsamer als andere
Und gemein hin, was man als
Geistig behindert betitelt.

Manche der Anderen nannten ihn einen „Idiot",
Dabei hat er mehr Einmaliges an sich
Als einzelne Graue vom großen Haufen
Der Namenlos und Nichtsagenden.

Er sprach langsam und betont,
Schlappte wie Pet Sampras umher,
Doch die gestellten Aufgaben
Waren die Herausforderungen an ihn,
Auf der Ebene seines Bewusstseins.

In seinem Gesicht lag ein stetes Staunen,
So kindlich und unschuldig und rein,
Voll neuzeitlichem Seltenheitswert,
Dass sich seine Lippen gern der Form
Des gehobenen Mondes annahmen.

Wir hatten viel Spaß, wir zwei.
Ich integrierte ihn in die Gruppe
Zeigte ihm die Aussicht von den Eisenstufen
Und er erzählte mir dafür von seinem Mofa,
Mäusen, Weibern, Bergen und Menschen,
Menschen, die ihn verarschten und meinten
Etwas Besseres als er zu sein,
Er erzählte von verbitterten Menschen,
Die ihre Dankbarkeit verloren haben

Und bald immer in schlechterer Laune sind als er,
Denn „der Idiot" ist glücklich und lacht und lacht
Und ich hoffe noch lange – über uns.

Ahnung

Du flutetest mit Licht das Zimmer
Und deine Augen stachen in die bürgerliche Stille,
Ein raumbeherrschender Blick,
Klar und bereit, der mir schon viele Ängste nahm.

Die Anmut deiner sorgenden Seele
Strich schöner noch als zu Beginn unserer Tage
Unter deinen dunklen Lidern hervor,
Und segnete die Nacht meiner Stirn mit Liebe.

Dieser eine Moment war wissend,
Dass wir ganz ohne scheußliche Gewöhnung,
Über die scheue Dauer der Zeit,
Auf unserem Gang in ein Gemeinsames altern.

Matratzenelegie

Oder:
Zerfetzte Zeilen nachts um halb fünf

Am Anfang war`s heiter und nett wie in hohen Kindertagen.

Ein frohes Wiedersehen und
Gute Musik unter Freunden.

Erst unsere Erzählungen von damals
Hefteten den schwarzen Zement an mein Fersen,
Bevor ich schwimmen ging.

Und die Photographien aus dem Hochland der Jugend
Transportierten
Ungesehen
Den Schmerz der Trennung.

Botschaften des Vergehens griffen ins Geschehen
Und blieben bereichernd.

Rosa Wein und Mutterhanf heirateten,
Es wurde trauriger umher,
Lauter die bösen Lieder.

Auf dem Heimweg schlief die Steinstraße
Tanzlos und schwer
In mondschnarchenden Träumen.

Eine Katze huschte eigenwillig ihres Weges,
Als ich aus dem Dunkel trat,
- Da dachte ich an dich.

Der Regen kam gleichgültig und vernaschte
Ohne Betretenheit
Vor meinen Augen den Sommer

Während am Boden eines Fensters
Zwei Stockwerke höher

Schon nah bei Gott gelegt

Ein Kettenraucher den letzten Atem auskotzte.

Leben ist kurz und zu wertvoll, um es ungetan zu verschwenden.

Aber morgen,
Die Arbeit im Blaumann wird nicht viel Neues bringen,

Keine Ausreißer nach Oben,

Keine Erlebnisse von Gipfeln

Dass weiß ich,

Ich, ein Vakuum,
Ein Haufen denkender Zellkultur
In der beengten Schraubzwinge
Eines
Sorglos froh und kalten Universums,

In das auch der Schlaf nur

Eine Handvoll Licht
Und Höhe wirft.

Verklärung

Ich stand wieder am Kopf der Treppe
Und hob aus Ungenügen
Meine verkrampfte Stirn stümperhaft
Über die Strommasten
Zu phantastischen Himmeln an,
Wo der Wind mit weichen Hämmern
Formbare Bilder
In die baren Flanken der Wolken schlug.

Im Kondensstreifen dort,
Erkannte ich eine Kette
Von einmaligen Chromosomen im Meer.
Und ein Mensch, leichengleich,
Von weißen Lacken überkommen
Lag an der Decke des Himmels und döste.
Ganz woanders dann,
Während mein Auge wanderte
Erweckte die Sonne am Wolkensaum
Ein singendes Feuer und formte ins Flüchtige
Eine androgyne Gestalt mit cherubinischen Schwingen.

Ich wähnte es als freie Seele,
Schön und symmetrisch errichtet,
Die zu fliegen gelernt hatte,
Zu fliegen und flieh 'n,
Zu flieh 'n und zu verklären die Welt,
Da ihr in die heitersten Träume
Eine Spur Schwärze,
Wie ein unwillkommener Gast,
Auf den Fersen folgt,
Und nonchalant den Fall
Ins Dunkel bereitet.

Freude

Der Frühling geht regnerisch und tapfer,
Und ich beziehe im Herz des Lotus ein Haus,
Springe frei von atmender Blüte zu Blüte
Und äschere taumelnd von Duft zu Duft
Den Winter ins goldene Gedächtnis ein.

Eine große Bejahung greift ins Schweigen,
Ich schwebe und hör das Koan des Grases,
Vernehme stumme Vögel und den alten Wind,
Wie er in violetten Blättern plätschernd,
Liebevoll von verschollenen Namen spricht.

Schneller als ein Staubkorn vom Teppichrand
Sich Richtung treuer Nacht und Boden neigt
Weiche ich, in ruhender Bewegung und
Mit dunklen Mut getauft, den Schlägen und
Regentropfen und heißen Tränen aus.

Schneller als der Regen bin ich, schneller
Und selbst der reinigenden Wässer voll,
Die zu verbrennen mich beschützen,
Meine Nacktheit kleiden und über Täler und
Die Tändelei erheben - zumindest für diesen Tag.

Identität

Die Firma schenkte uns hübsche Hosen und Jacken,
Am Rande rot und schön grau geleckt,
Ein Uniförmchen für den Gemeinschaftssinn,
Ein Fetzen Stoff für mildernde Befremdlichkeit,
Für Firmenidentität und das große Wir-Gefühl.
Doch was bringt´s?
Spaziert nicht jeder in Schönheit und Schmerz
In seinen eigenen Schuhn?
Ich leide und lustwandle
Zumindest in den meinen, Mann!
Die Frage ist nur:
Würde ich gern wechseln, wer anderes sein,
Die komische Rolle tauschen wollen,
In diesem tragisch-schönen Theater ohne Drehbuch,
Um nimmer Himmel und Hölle
Für einen Tag und den Rest der Zeit zu bewohnen?
Nein!
-
Und?
Wie steht´s mit dir?

Umsichtigkeit

Im Stadtkern,
Teilte wer,
Für Wolfsburgs Prosperität
Eine Rolle spielend
Prospekte aus.

Na gut und weiter?

Und weiter
Während ich um die Ecke ging
Fand ich sieben derselben
Gleichgültig gefaltet
Ins schöne Grün geschmissen,
Geradewegs fünf Meter
Neben einem roten Mülleimer,
Der wie eine Fratze aussah
Und über so viel Umsicht
Meiner Mitmenschen
Hohnlachend
Das leere Maul aufriss.

Kollegialität

Ich stand zum Schichtwechsel vorm flimmernden Schirm
Und spielte die Straße im Solitär Richtung Sieg hinab.
Der Frisör schaute mir dabei über die Schulter,
Bis ein Kollege sich wortlos, links zu uns gesellte,
Die zwischen beiden bereits gelegte Spannung stieg
Und er in ernstem Ton und einer Miene, trocken wie
Die Wüste Namibias am heißesten Tag, meinte:

„Die Toiletten in der Firma sind echt Mist.
Die Spülung funktioniert nicht und Papier
Gibt´s keins, darum musste ich mir doch glatt
Mit der blanken Hand den Arsch abputzen!"
Worauf hin dem Frisör die besagte Hand
Mit Liebe unter die Nüstern hielt und meinte:
„Hier, willst du mal riechen" - und sich
Über dessen rapsgelbes Gesicht, schlapp lachte.

Würde

Nach der Ausbildung
Hat er
Keine Arbeit bekommen,
Aber Schulden
Und zwei Kinder,
So erzählte es mir
Der Neudeutsche
Bei einer Zigarette
In der Pause.

Er hat kein Geld,
Aber einen Freund
Im Gefängnis,
Dem es angeblich
Besser als ihm ergeht
Und er hat wie alle,
Hundert Bedürfnisse
Und aus Armut
Eine linkische Ader.

Der Genosse spukt
Auf die Reichen
Den bigotten Staat
Und die Steuern,
Glaubt an Gottes Gegensatz
Und belegt auch sonst
So mancherlei
Weltheiligtümer
Mit einem Lächeln
Der Gleichgültigkeit.

Er weiß sich
Als freier Mensch
Mit Rechten
Und seiner Weisheit
Schluss besagt,
Dass man entweder verrückt
Oder kriminell sein muss,
Um am Abend
Wenigsten
Halbwegs würdig
Abzudanken.

Lehrer

Er ist optisch keine Schönheit,
Eher mit witziger Anmut beschenkt
Er, ein Arbeiter mit strackem Rückgrat,
Dreiundfünfzig
Und doch der Beste.
Er ist gering an körperlicher Größe
Und hat einen Bauch geformt wie ein Bierfass,
Prägnant wie die Pyrenäen,
Wo er angeblich als Flüchtling eine Hütte bewohnte…
Sein kurzes Haar trägt er fettig zu Seite gekämmt,
Und senkrecht wie eine mallorquinische Steilküste ragt die Stirn
Über waldigen Brauen als grauer Balken über eisernem Blick,
Aus dem Erfahrung und der Wille zum Überleben spricht.
Eine Brille, dick wie Bausteinglas, beschwert
Die breite Nase über neckischen Lippen,
Die wiederum ein Schnurrbart ziert
Als sei´s der atmende Sturz einer Tür
Zur heiteren Räumen.
Seine Wange hängen wie geplusterte Hundelefzen
Vom Alter und Lachen abgenutzt Richtung Erde,
Dabei hat er Frau und Kind schon verloren,
Und sonst kaum mehr etwas.

Was er aber hat ist
Humor.
Den hat er sich
Trotz allem und einer dumpfem Arbeit
Bewahrt oder erst entwickelt,
Einen Humor
Der ihm seine Lage erträglich macht
Und gegen das Unabwendbare
Lachen und Gelassenheit lehrt.

Wettstreit

Ich raubte Zeit für eine Zigarette,
Trat durch die Stahltür auf die Eisentreppe
In die schwärzeste Nacht, die Halle hinaus,
Trat ein ins bleiche Getöse der Stadt,
Nahm wahr und wunderte mich.

Von der frequentierten Straße stieg
Rollend die Kakophonie zu den Sternen
Und vom mythenlosen Himmel taumelten
Die drohenden Töne von fünf Turbinen
Durch mein Ohr ins blaue Zimmer zurück,
Wo der akustische Müll der neuen Welt
Weitflächige eine Musik der Zerrüttung
Mit einem flüsternden Gott zelebrierte.

Das Gestell von Laternen, grellem Licht,
Von Scheinwerfen und der fernen Tankstelle
Lagen für die Trophäe ewiger Schönheit
Mit dem flüssigem Firmament im Wettstreit
Und hatten nicht den Hauch einer Chance

Der Polarstern teilte mit pochendem Strahl
Und dem Schnitt eines Glasschwertes
Die Anmut vom schmutzigen Gewäsch
Und der babylonische Schwermut ab,
Während Orion im harrenden Schweigen
Einen schlängelnden Pfeil hoher Freude
Nach neuen Ländereien der Sehnsucht schoss
Und mir Phantast für Sekunden, Vergessen schenkte.

Farben

Ich schlich nach einer weiteren Nacht Schwärze
Flügge auf Schwanenzehen zwischen die Wände,
Dorthin, wo wir uns wie Wasser und Welle lieben
Während des Universums Lauf die alten Wälder
Und ich ein Kunstwerk mit einem Kuss erweckte.

Schlaftrunken und schön lag da meiner Liebe
Fleischgewordenes Lächeln im Morgenlicht
Und schenkte mir im ersten Lidschlag leicht,
Den Regenbogen mit den Fanfaren der Sonne
Und dem Zimmer den Zauber der Farben zurück.

Romanze

Er, ein hagerer Geselle,
Mit pechschwarzem Haar.
Er half vier Schichten aus
Und machte einen guten Job.

Er hat das Charisma einer Krähe
Mit breitem Freibeuterlächeln,
Seinen Strohhalmläufen und
Brillenlos, blaublitzendem Blick.

Wir plauderten lyrisch in der Pause.
Ich erzählte von den Jahren der Liebe
Indien, Afrika und seinerseits kam
Kaschmir, Koks und Bukowski zu Wort.

Unter anderem sprach er offen
Von seiner Naivität bei Frauen
Und seiner letzten, die zur Finanzierung
Ihres Heroinsegens seine Gitarre und
Einige andere ihm liebsame Dinge
In Geld umsetzte - bevor sie ging.

Heute sehen sich die beiden
Nur noch getrennten Blicks vor Gericht.
Und wie ich mich aus Liebe
Den Jahren der Wanderung erinnere,
So wird auch sie ihm unvergesslich bleiben,
Eingebrannt, - aus anderen Gründen.

Tragödie

1.

„Arschlochleben" war sein erstes Wort zum Schichtbeginn.
An die Arbeit danach ging er erst gar nicht.
Er setzte sich draußen in ein Bad von Gedanken,
Zum Mond auf die Treppe und als ich mich zu ihm gesellte
Roch alles nach Bier, verbranntem Blut und Betäubung.

Er schloss mich mit breitem Blick ins Vertrauen,
Und erzählte in gebrochenen Buchstaben
Vom gebrechlichen Dasein und Dingen wie
Baldiger Scheidung, einem Bekannten
Der Kinder schlägt, seiner bedürftigen Tochter,
Seinem Sohn und sibirischem Heimweh,
Er erzählte von Armeejahren und den Anderen,
Freundschaft, menschlichen Menschen
Und der Notdurft des Lebens ohne Geld.

„Was soll ich tun?" war seine kantianische Frage,
Nach dem er sich für fast alles die Schuld zuschob
Und mit einer geformten Faust wenig liebevoll
Auf die sanfte Brust schlug, die gepeinigt schien.

Da ich sein Deutsch schlecht verstand
Gab ich ihm nach einer halben Stunde Empfangen
Den Ratschlag daheim über die Sache
Zu schlafen und ließ ihn mit sich und der Stille allein.

Aber er hatte seine eigene Lösung und Entladung.
Eine Stunde später hörte ich nicht wenig entsetzt,
Dass er ein handhabbare Option gewählt und
Sein Schicksal selbst in die Hand genommen hat,
Da ein rechter Haken, filmreif und verzweifelt

An die Braue eines Mitarbeiters gepflanzt,
Ihn frühzeitig zur Erholung nach Hause brachte.

Das falsche Zeugnis der Kollegen begann kurz danach,
Als seine Frau am Telefon heiße Tränen ließ,
(Die wohl als Einzige wirklich wusste, woran er litt,)
Während ich seinen letzten Auftrag in dieser Firma erledigte.

2.

Er ist unschuldig und noch immer im Klub.
Man erzählt, eine Amnesie habe ihn ergriffen.
Zuhause war der rechte Haken vergessen und
Seine zwei Kinder ins Unerkenntliche gerückt,
Während rote Teufel karamasowkesk in der Ecke kauerten
Bevor sie zum närrischen Tanz ansetzten und
Ihn in die Geschlossene brachten,
Wo der Armen nun, bei Mangel an Personal,
Schlechter Pflege also, und Neuroleptika
Eine neue Art der Entspannung lernt.

Möge ihm beistehen wer immer uns schützt:
Gott, die Biochemie oder gute Geister
Und ihm die alte Schönheit und das Lachen
Zurück schenken, das aus Schmerz geboren,
Mir das zweifellos Schönste von allen war.

Andacht

Ich verließ spät und frohgemut zum Nachtbeginn
Die heiligeffiziente Halle zur neuen Belustigung
Und sah andächtig den feisten Blutmond gaffen,
Wie er gleich einem roten Schädel und Stück Fleisch,
Von unsichtbarer Hand am Horizont gehalten,
Der gierigen Bestie zum großen Fressen gereicht
Über dem Rauch der Stadt, an einem Geheimnis hing.

Hübsch sah er aus, wie er da, am Rand der Erde ruhte,
Und ungewollt dachte ich an die Apokalypse und das sechste Siegel
An Chaos, Krieg, Seuchen, an steigende Erdwärme,
Riesenwellen, Erdbeben, Stürme und den noblen Untergang
Dachte an Jesus, der uns angeblich liebt, aber außer
Im Kino leidend schon lang keinem mehr zu Augen kam.
So dann zündete ich mir eine Zigarette Sehnsucht an,

Summte im Gehen Beethovens Mondscheinsonate,
Und fühlte Hunger nach dem Lächeln eines Fremden
Während ich später bei mir, mit Buchstaben ein Mandala malte
Die sieben Todsünden in fünf Minuten im Fernseher abhakte,
Und ich dieses besoffene Gedicht als Gebet der Gleichmut
Und dem „Buddha des berauschten Abends" zum Besten gab,
Der sich mir gestern nach dem fünften Bier im Tanz offenbarte.

Wahrheit

Der Chef der Logistik,
Braungebrannt und vom Wohlstand gerundet
Kam mit Schlips, geleckten Schuhen,
Smoking, schwarz wie die Nacht gekleidet,
Als sei´s ein Begräbnis, in unseren Bereich,
Und stolzierte etwas verkrampft im kapitalen Katzengang
Und aristokratischem Blick durch die Reihen.
Er *sah* einen umgefallenen Karton,
Lächelte süffisant ohne Staub anzusetzen
Und *ging wieder* seines Weges.

Der Mann, der Macher, dachte ich,
Hat einfach Glück gehabt
Oder seine Chance genutzt,
War brav und stumpf genug
Schöpfende Freude daran zu finden
Einen Computer zu befummeln.

Von Grunde auf gerecht, ist das Dasein nicht
Dachte ich, vor Kartons kniend,
Man muss schon etwas tun, auf die Beine stellen,
Sich das Geld für die annehmlichen Dinge des Lebens
Und einen hübschen Grabstein zu verdienen:
Gesundheit, Erkenntnis, einige Gedichte wie Liebe
Ein Ozean an Erfahrung und ein freier Geist
Sind mir genug den Aufenthalt gelungen zu nennen
- Wenig - ich weiß – dafür aber
Eigen, aufrichtig und wahr.

Freitag

Mit Durst wie einem Abgrund und zwei Freunden
Kehrte ich müde in bespiegelte Keller ein,
Wo sonst die kleine Leidenschaft der Bürger
Zum Schlager den schlechten Samba tanzt.

Ich gesellte mich an den Rand der Theke,
In die Kulturnähe einer klimt´schen Bildkopie
Bestellte Bier und Korn und reinigte mich
Im Dreivierteltakt von fünf mal acht Übeln.

Ich war fast der Älteste unter den Rockabillys
Und Pomadenpunks in Leopardenfell
Die neben sich, den flüchtigen Fick aufsuchten,
Aber dennoch, unterhielt es mich gut.

Ich gab einem Freund Ratschläge zur Reise
Und drang mit wem anders und Worten
In die menschliche Natur ein, die wenn überhaupt,
Nur Geist und Güte und sonst nichts je bessert.

Irgendwann gewann die Welt ihre Wärme
Und den Geschmack von Meeresruhe wieder
Bis die hölzerne Eckbank im sozialen Abseits
Mir freigiebig und liebevoll ein Bett anbot.

Ich legte mich zur schöpfenden Stille,
Die besser als jedes Gebet funktioniert
In einen gelungenen Vollrausch lang,
Vergaß die letzte Woche und war froh.

Option

Er ist achtzehn Jahre
Und hat eine schlechte Ausbildung
Als Mechaniker genossen.
Darum hebt er nun mit Herz,
Um nicht arbeitslos zu werden,
Tontöpfe aufs Fließband
Und verblödet.

Er half vermittelt und ausgeliehen
Ein paar Schichten aus
Und äußerte in der Pause,
Er wolle sich nun,
Wo anders,
Nämlich geradewegs
In unserem Unternehmen
Bewerben.

Ich ermunterte ihn und meinte
Er soll`s versuchen,
Mit etwas Glück könnte es
Ein wenig mehr
Als eine Absage werden.

Insgeheim aber dachte ich mir-
„Verdammt,
Welch` wirklich göttliche Perspektive
Wird ihm gewährt,
Achtzehn, gerade am Anfang
Und ohne größere Option
Doch schon
Am Arsch."

Requiem

Schokolade und Kaffee vermochten nichts,
Die Seele des Dopamins blieb stur
Und die Nachtschicht war nach einem zärtlichen Erguss,
Trotz allen süßen Mitteln, bescheiden,
Schenkte, außer ein paar Scheinen,
Müdigkeit
Und einen Morgen
In magerster Röte.

Nun brennen meine Augen und brennen
Das Sehpurpur vom Licht versengt,
Als seien sie mit Splittern von gemahlenem Glas lasiert.
Wie auch mit elektrisierten Messern geschmückt
Mein zerrissener Rücken schmerzt,
Der zu explodieren droht,
Wenn auch nur zwei mal zwei Synapsen
Mit einem Quantum
Bewegung liebäugeln.

Ach, und soeben erschrak ich vor mir selbst
Als mein Gesicht im Spiegel stand,
Und sich eine Albino
Mit zerfetzter Zirbeldrüse zeigt,
Müde Augen mit
Pupillen
Breit wie die Nacht.

Dieses blasse Bild gab mir den Rest,
In dem es die Wahrheit posaunte.
Ich sah so hässlich aus wie ich mich fühlte:
Angeschissen, erschöpft,
Und ausgeschabt,

Mit einem lecken Boot den Bach hinunter geschippert
Und nun, nach Stille dürstend,
Im Bett gestrandet.

Gerade schau ich, in eine warme Decke gehüllt,
Als sei´s erneut Winter
Durchs gekippte Fenster über die Blüten hinweg.
Die Wolken sehen wie gerupfte Watte aus,
Irgendwie weich und verletzlich,
Während der hohe Gesang der Vögel,
Von Entfesselung erzählt, und doch
In meinem Porzellangehör dröhnt,
Als bellte ein Rudel blutrünstiger Bestien
Ein Requiem für einen Idioten
Wie mich.

Da hilft nur eins:
Als Barbiturat zum Frühstück ein Bier
In der Hoffnung
Auf hübsche Träume,
Das schnelle Begräbnis des Pochens
Und einen Kuss von ihr,
Der das Kommende hebt.

Bedürfnis

Ich sehnte nach Ruhe. Der halbe Friseur
Hatte vor kurzem Pause gemacht,
Da nutzte ich lässig meine Chance
Für die Auszeit von der schrägen Akustik,
Zwischen Pfeifen, Kratzen und Zischen,
Um mich für die Länge eines Zuges
In der Stille der Gestirne zu sonnen.

Ich gesellte mich mit dem Rücken zur Wand,
Draußen vor die Tür auf die Eisentreppe,
Wartete dort im Schweigen auf wenig
Und wurden dennoch enttäuscht.

Ich hörte das Schlürfen
Seiner schwülstigen Füße
Von fernher schon kommen,
Bis er mit einem dummen Spruch
Die schwere Tür aufstieß,
Und in meiner Gegenwart,
Guten Gewissens, die zweite Pause
Innerhalb von nur zehn Minuten genoss.

Ich zog mit läppischen Erwiderungen
Ächzenden an meiner Zeit
Und ließ mich von seinem Monolog
Über Schnitzel, Kühlschränke,
Einem Umzug und ähnliche alltägliche Billigkeiten
Verbal misshandeln, wissend,
Dass ich gern allein und beizeiten ein Arschloch bin,
Der solch einfachen Typen,
Die stets Unterhaltung und Geselligkeit brachen
Lax gesagt, so dringend bedarf

Wie sich wohl ein Zauberer,
Während einer magischen Nummer mit seiner Glücksfee
Eine plötzliche Pilzerkrankung
An der prallen Stirn seines Stabes ersehnt.

Erhebung

Als ich übermüdet die Fabrikhalle verließ,
Berührte die Sonne im feurigen Morgen
Das schwindelnde Atom der Erde im All
Mit ihrem schöneren Fortschritt.
Und ich gesellig, ganz bei mir,
Wünschte aufgelöst und ohne Ufer
Rein und über alles wandernd,
Wieder mal sehender Wind zu sein,
Der mit dem schweigenden Universum
Bekannt und sich ohne ein einziges Wort
Mit dem Inhalt der leeren Dinge
Auf ein „Du" verbunden weiß.

Doch meinen Augen blieben fest, aber
Mein Hirn fürs Kleine, groß und geräumig.
So spazierte ich über die Straße, dem
Frühling entgegen: die Grasnarbe
Ging schwanger und ich hörte Hendrix
Zwischen gesprengten Blüten feixen,
Sah gelbe Felderfronten, die zerflossen
Und Nebelschaden in steigende Meere fallen,
So dass diese fast unsagbare Erhebung in allem,
Selbst den Grabstein der Städte beschaulich malte
Und mir im Atem das Gefühl am Leben zu sein, und
Dieses bescheidene Gedicht zu schreiben, bescherte.

Einsamkeit

Es war ein gediegenes Fest der Auferstehung,
Ich schlief lange, traumlos und schlecht,
Hatte heftigen Nachdurst und trieb keinen Sport,
Führte einige laute Gespräch mit mir,
Schwieg aber ansonsten den ganzen Sonntag
Außer in diesen nie endenden, inneren Monologen,
Die mich beizeiten ermüden.

Dann las ich auf dem Sofa etwas über Sein und Zeit
Das Nichts und die daseinsschenkende Angst,
Die mehr oder weniger jeder kennt,
Fand eine griffige Formel fürs Philosophieren
Stellte auf Leerlauf und den Fernseher an,
Folgte dem Gang den Gedanken eben gehen,
Um mich letztlich auf der polsterlosen Bank,
Auf unserm Balkon, ein Bier trinkend, wieder zu finden,
Wo wir beide schon häufig saßen und Arm in Arm,
Die Unendlichkeit mit einem Kuss begrüßten.

Ich sitze nun noch immer dort und schau hoch.
Die Sterne, aber sind unsichtbar, du bist weg.
Es regnet und ich bin von Gestern für den
Verbleibenden Rest, blassgrau gesteinigt,
Bereit für ein weiteres Bier und nicht mehr derselbe.

Märchen

Früher war das Paradies,
Das Märchen vom süßen Himmel,
Erzählte von Mächtigen
Den Armen und Arbeitern ein gewährter Trost.

Irgendwo trüben lag die Erlösung
Von allem schmerzlichen Schuften
In einem erfundenen Elysium als Hoffnung
Mit der Gerechtigkeit im Blick.

Heute aber
Schimmert der versprochene Himmel
Selbst in klarsten Nächten schwarz
Und besänftigt
Kaum noch einen Beschäftigten.

Nichts mehr da,
Was die grauen Schwielen der Seele cremt
Und die Tränen trocknen,
Außer vielleicht
Das Feierabendbier als Belohnung und
Die umworbene Zuversicht auf einen Krümel Luxus,
Das den Dienern
Als verlockende Erzählung und Tröstung dient.
-
Wehe dem aber, der nichts hat,
Dem Konsum dann, ein bisschen Besitz und
Die neue Bequemlichkeit als Ziel
Das Dasein nach der Schufterei nicht befriedet,
Wehe dem –
Der nämlich ist der Ärmste
Unter den Arbeitern.

Tyrann

Er ist auch nur ein Instrument,
Ein Diener dem König des Käfigs,
Ein Mittel wie manches andere auch,
Hundert Mal austauschbar sogar und schuldlos letztlich.

Er tyrannisiert und erschreckt,
Rüttelt auf und tötet die schönsten Vorstellungen,
Martert die erfüllten Wünsche,
Und drängt Wärme und Geborgenheit aus der Gegenwart ins Gedächtnis.

Er ist ein Gegner der Neigung und des Lustprinzips,
Gleich wohl, ohne es zu wissen, für Leistung, Gewinne und Pflicht.

Er ist der lautlos schleichende Mörder des Müßiggangs,
Der ewige Arbeitslose am siebten Tag
Und das taktschlagende Zepter des Unterhalts.

Er ist der morgendliche Schrei im Gehör,
Maßvoll zwar, aber verwunschen oft,
Geworfen beizeiten, ungeliebt und auch geschlagen.

Er ist für das Selbstbewusstsein und arbeitet für unser Erwachen
An einem festen Platz im Schlafzimmer,
Ein Apparat, kurz und knapp genannt:
Der „Wecker".

Klima

Nicht jeder auf der Arbeit
Ist mir wohl gesonnen -
Wie und warum auch?
Manch einer schweigt
Wie ein grauer Regentag
Schlechtes denkend,
Manch einer,
Wie die Sonne
Hinter einer Stirn von Wolken,
Führt Gutes mit sich
Und wahrt doch
Das Schweigen.

Mit den meisten aber
Vermag ich auszukommen,
Mensch unter Menschen zu sein,
Dummes schwatzend und manches kluge auch,
Mich singend,
Halbheiter bis betrübt preiszugeben,
Das alles in allem,
Wie fast überall,
Achtung, Lachen und gemeinsames Leid
Zwischen Kollegen
Die hirntötende Arbeit,
Wie kehren, kauern und
Maschinen streicheln,
Für fünf Tage
Etwas erträglicher macht.

Schachmatt

Er meinte zu mir, er könne Karate,
Er meinte er sei der körperlich Stärkste im Klub,
Er meinte auch im Oberstübchen stände es besser
Um ihn wie um den Rest von uns Idioten bestellt.

Natürlich, von Neugierde getrieben,
Wollte ich es genauer wissen, der Spur nachgehen
Und so spielten wir, provozierten uns
In Wort und Tat bis zur Spitze, hin zum finalen Schlag.

Als er dann unliebsam Hand an mein Kinn legen wollte
Erwiderte ich: „Gewalt ist die Sprache der Dummen!"
- Schachmatt Hänschen, Zeigefinger in die Höhe:
Das Schweigen zwischen uns verzeichne ich als mein Sieg.

Gewohnheit

Ach! ich habe Muskeln an der Stirn
Und ermorde meine sanften Tage
Mit einer Dosis berauschter Langeweile
Und einem Becher halbem Schlaf.

Wann nur, tritt das Gesetz der Gewöhnung
Und der Stillstand in junge Stürme ein, sodass
Mir Ruhe geschenkt und nimmer Dornenregen
Säure in die zänkischen Wunden streut.

Ich scheine nicht so robust zu sein
Anders, weicher geformt als der Rest,
Dass ich meine Nacktheit in Gedanken
In immer neue Gewänder kleiden muss.

Doch was hilft´s! In der süffigen Hülle
Tanzt mein Herz und Hirn mit Feueraugen
Weiter den einsamen Tango in die Gräber ,
Ermüdet von diesen geschäftigen Tagen.

Beschaulichkeit

Des Nachts, auf der Anhöhe daheim
Hing der vollmilchig betretene Honigmond
Freundlich vor sieben Horizonten gebeugt
Und ein Strommast fünf Meter entfernt
Stand hässlich auf einem Hügel daneben.
Das lebendige Bild trug keinen Namen,
Goldumrahmt war´s auch nicht,
Aber das malerische Schweigen erzählte
Eine Geschichte von unseren Vätern
Und der fortschreitenden Technisierung,
Flüsterte Anekdoten von der Natur
Und ihrem kommerziellen Nutzen,
Von langsamer Entwicklung, Wiederholung
Und der menschlichen Gier.
Über gütige Bereitstellung und
Gewissenlose Ausbeutung handelte die Stille,
Über Äonen der Harmonie
Und neue Herrschaftsbestrebung,
Über eine schönere Ordnung
Und einen maßlosen Interessenskrieg
Gab`s eine wortlose Kundgabe
Und
Zerrissen zwischen Selbstgenügen
Und Schwere
Stand ich allein im Grün,
Ich in der Beschaulichkeit der Moderne,
Mit Kulturschmerzen
Als
Gehobenem
Kopferlebnis.

Weisheit

Es klirren die silbernen Löffel in Tassen,
Derweil unweit der Lärm von Autos
Über die Straße läuft, wie Menschen,
Die verschiedensten Gesichter und
Schicksale, ihren monetären Marsch
Schwerfällige auf dem Asphalt zelebrieren.

Das leidlose Lachen eines Kindes
Ertönt im melodischen Kauderwelsch,
Während ich unter grünen Bäumen sitze,
Umherschaue, schmecke und schweigend
Vom Zepter des blühenden Tanzes
Die treibende Zeit einschlürfe.

Zwei Liebende turteln flüsternd
Wie junge Tauben am gedeckten Tisch,
Andere unterhalten sich vergnügt
Und schlecken vom glasierten Eis
Eine heitere Weisheit, während jener
Neben mir, mit einem Boulevardblatt
Sich tunlichst zu bilden gedenkt.

Viele rings schlendern, wirr und zielgerichtet
Zum Konsum über trockene Straßen
Ins Königreich der lichten Stadt,
Wo vom alten Kirchturm gezählte
Dieses Tages trunkener Glocken,
Immerneu die dritte Stunde tönt.

Der Pakt mit einem Papiergötzen
Stimmt sie glücklich, stillstehend
Und exploriert im Überfluss zu betteln,

Derweil das Rudel fragwürdig zu Füssen
Der spiegelnden Schaufenster, stumm
Und ohne ein schöneres Staunen
Ins Nichtige die Straße hinab spaziert.

Ich gebe` Feuer, zünde mir eine Zigarette,
Und zum Schluck schwarzem Erwachen
Gesellt sich der Blick ins innere Blau.
Ein Jugendlicher erinnert zur Linken
Der Jugend, jenem Jubel, als die
Afrikanischen Tage mir das Dasein
Als Fest eines Freien rühmten.

Und da, die Augen zur anderen Seite geworfen
Kündet der eilende Zeiger von meiner Verspätung.
Was soll´s – schreibt die gelockerte Hand
Zum fröhlichen Gespött, als Siegeszeile,
Über das Diktat der Pflicht aufs belebte Blatt.

Walzend im Raum, zieht die Zeit weiter,
Und wie alles geworden, so wird`s werden,
Bewegt und allverbunden irgendwie,
Selbst dann auch, wenn ich nicht mehr bin.
Und ich bin, noch bin ich und nicht besser,
Derweil ich zu dieser betrachtenden Minute
Zwischen Flüchtigem und werbenden Fahnen
Im Wind, zu sein mich bequeme.

Was soll´s – Frühling ist´s, erklärt
Mir erneut das Lachen eines Kindes.
Die Löffel klirren, die Motoren laufen
Im wölfischen Gewimmel der Stadt,
Jener auferstandenen Wüste aus Stein
Wo gelassen der Wohlstand flaniert.

So nehme ich einen letzten Schluck
Bezahlen reinigenden meine Schuld
Luftige Währung für Ware und Dienst,
Und plane gebündelter Liebe und Auflehnung
Schlängelnd meines Weges zu gehen,
Bereit für Sport, die Leere und *ihr* Spiel.

Frühschicht

Die Nacht flieht gemächlich und fern
Erheben dunkle Wälder ihr Haupt
Aus den Fesseln des heiseren Nebels.
Die Sonne grüßt mit träumenden Küssen
Einen trunkenen Morgen neutätig
In des Werdens Ewigkeit getaucht.

Und ich trete in diese zeitlose Glorie ein,
Steige mit den klaren Augen zum Tag,
Und taste mich mit zärtlichen Blicken
Die Stufen, gleich einem Stahlgestade,
Vom Meertau frisch beträufelt
Ins sich wandelnde Leben hinab.

Doch diese Schönheit, wie sie erheitert
Und hebt, so mahnt sie mich auch,
Droht mit Schlägen, weil ich weiß,
Dass kein schöner Augenblick bleibt,
Und nach einem Schritt voran,
Die Anmut dann jäh und laut
Hinter den kalten Wänden der Halle,
Im Lärm der Fließbänder erliegt,
Wenn Wort und Gedächtnis ihr nicht
Die tragenden Hände reichen.

Hälfte

Früh morgens, wenn der beflissene Tag
In Gedanken noch nicht mal halbwegs graut
Und die tote Straße im Bettbeschlag
Noch unter Sternen in Träume schaut.

Dann winkt sie oft nackt ein „Auf Wiedersehen",
Haucht mir vom Fenster aus eine Kusshand zu,
Denn dann heißt es: Auseinandergehen,
Damit ich meine hässliche Arbeit tu`.

Doch stets streift mich dann der schöne Gedanke:
„Auch wenn ich an diesem System erkranke,
Sie ist Medizin und ein greifbarer Sinn,

Sie nimmt von mir und gibt sich hin,
Sie erfreut und liebt zu allen Stunden
In ihr habe ich einen Teil zum Glück gefunden."

Alkohol

Der erste Gaumenblick Süße

Ein Sonnenblond
Offeriert Quellkühle

Erweckt
Kommunikativ

Vertraute Wohnzimmergemütlichkeit
Weitend
Im expandierenden Netzwerk

Und
Bettet

Gedämpft

Die gespannten Fasern

Frei

Aufs ledrige Daunengewölk

Glücklich,
Groß
Und
Gliederlösend

Liebe

Ich rief den Schichtleiter durch die Halle,
Den giftspeienden spinnerten Spanier aus Ekuador
Mit dem Kind im kleinen Manne, der mir doch
Einer der Angenehmste von allen ist,

Ich rief ihn, ohne denunzierenden Hintergedanken,
Um mit der Arbeit fort fahren zu können,
Und zeigt auf dem Scanner die dritte falsche Buchung
Meiner Kollegen in den letzten fünf Minuten.

Soll-Wert und Wirklichkeit stimmten nicht überein,
Es lag mehr Ware auf der Palette als mir angezeigt wurde
- Irgendwer wollte wohl Adam Ries revolutionieren
Oder das Gesetz der rechten Subtraktion sabotieren.

So kam der kleine Boss, stieg vom Stapler, seinem Streitwagen
ab, schaute über den Brillenrand auf den Bildschirm,
Die Palette, dann schon brodelnd in meine Augen
Und meinte mit spanischem Akzent,

Die Hüfte vor und zurück bewegend, bevor er
Für eine Laudatio seines Weges zu den anderen fuhr:
„Wo ist die Olivenöl, - weil ich glaube so langsam,
Ich muss die Leute ficken."

Exempel

Am Betriebsfest führte ein Vorgesetzter
Meine Liebe und mich
Mit gutem Vorsatz durch die gekühlte Halle.

Er erzählte allerhand, zeigt uns dies und jenes
Vieles neue ihr
Und so manches, was auch ich noch nicht wusste.

Beim Endladeband für Lkws, Tor 33, blieben wir stehen,
Seine Augen funkelten, während
Seine Lippen dem Glanz der Linsen Töne lieh.

„Das Förderband funktioniert vollautomatisch,
Ein beweglicher Boden im Hänger macht`s möglich.
Man muss nur noch an die Rampe fahren,
Den Knopf drücken und schwupps,
In einer viertel Stunde ist der LKW leer-
Doppelt so schnell wie ein Arbeiter
Das erledigt und – billiger natürlich."

„ Natürlich – schwupps" gab ich lächelnd und
Irgendwie verträumt
Zurück, ohne lauteren Beifall zu klatschen.

Denn gerade so nebenbei hatte er mir
Ohne schlechte Absicht
Am Beispiel ein böses Gleichnis erzählt.

Ein Gleichnis vom Geist der Zeit und Zukünftigem,
In der aus Effizienzgründen
Die Technologie menschliche Arbeit fast
Überflüssig macht.

Flexibilität

„Können sie Morgen um acht Uhr beginnen?"
„Ja, sicher."
„Nein, besser wäre neun, sie verstehen?"
„Natürlich".
„Sie wissen schon, die Umstellungen."
„Ganz klar."
„Der Markt will es so. Wegen des Standortvorteils. Sie verstehen?"
„Selbstverständlich!".
„Und wegen der Globalisierung und des weltweiten Wettbewerbs."
„Der sowieso."
„Darum gibt es keine Jobgarantie für nächstes Jahr. Weil wir nicht wissen Was an Aufträgen reinkommt!"
„Ist nachvollziehbar."
„Aber morgen, dann um zehn Uhr beginnen."
„Kein Problem."
„Gestern wär es um sechs besser gewesen, wegen der Krise."
„Tut mir leid."
„Und übermorgen schauen wir mal."
„Ja."
„Wie Willkür? Der Markt will´s so."
„Eindeutig."
„Der Kunde ist König und die Konkurrenz schläft nicht."
„Gewiss."
„Deswegen kommt bald Nachtschicht."
„Geht klar."
„Für weniger Lohn."
„Macht nichts."
„Privatleben braucht man eh nicht, oder?"
„Auf keinen Fall."
„In der Freizeit verdient man zudem nichts."
„Richtig."
„Außerdem macht Arbeit gedankenfrei."

„Immer doch."
„Zudem brauchen wir loyale Mitarbeiter..."
„Sicher."
„...die für die Philosophie der Firma einstehen."
„Für die Philosophie – so ist´s recht."
„Und vergessen sie nicht: wir Vorgesetzten und Oberen sind auch nur Marionetten."
„Wenn sie´s sagen."
„Auf Posten gestellt und austauschbar."
„Sowieso."
„Die funktionieren müssen, damit alles funktioniert."
„Sehe ich auch so."
„Aber mit mehr Gehalt und Einfluss."
„Nicht doch?"
„Aber auch wir müssen es sein."
„Was?"
„Flexibel und angepasst!"
„Ach so".
„Der Markt will es so!"
„Der Markt, - sicher!?"

Lob

Es war insgesamt die schon bekannte Schufterei,
Eine arbeitsreiche Woche in Schweiß und Schmerz.
Aber ich hob das arithmetische Mittel meiner Leistung
Auf ein höheres Niveau und mich in eine neue Liga.
Doch niemand, wie so häufig, honorierte es in
Auch nur einem Wort.

Einzig der Mond am Freitagmorgen lächelte
Als ich die Stätte des Plagens verließ und flüsterte,
Ein „Gut gemacht" und er versprach ein Kühles
Während ich mir selbst auf die Schulter klopfte,
Wissend, dass mich keiner lobt, wenn
Ich es selbst nicht tue.

Wertschätzung

Die Anderen arbeiten und ziehen es durch,
Ich aber vernehme nur meinen Atem und das Surren
Der Lüftung in der Zelle und mein Herz, das bis
Zum Hals schlägt und mit der Sprengung droht.

Es gibt kein Vor oder Zurück mehr, keine Spiele
Oder falschen Ausflüchte mit den Händen an der Wand,
Den geschwächten Rest gebeugt und gebückt und ich
Ganz bei mir und nirgendwo anders im Augenblick.

Nur dieses leise, leise, gedehnte Surren, Stille ansonsten
Wahnsinnschwangere, penetrante Stille und warten,
Warten auf das nächste Beben mit kaltem Schweiß im
Blick der vielen Zuschauer aus marmorierten Fliesen.

Doch nun, bald ist es soweit, Hinrichtungsalarm, gelichtete
Pupillen, erhöhter Puls, während im flauen Süden unten
Am linken Flügel, die Parzelle zur musikalischen Bewegung
Anhebt und in Krämpfen die ersehnte Geburt forciert.

Da schön, ein kräftiger Strahl Erlöstes, nicht sonnig,
Eher ein Salamibrot- Limonadengemisch, stellt sich in 3-D
Wie einst in den Raum und fasst den Umfang der Schüssel.
Allerhand Süße, gute Arbeit und auch einiges daneben.

Wie es ihr wohl gerade ergeht, so vergiftet von gestern?
Nun ein Bild denke ich, ein Bild von der Poesie des Erbrechens,
Eine Fratze Ekel, der Schrei, Sartres Stolz und ... Nachwürgen,
Die letzten Verkrümmungen, - bald ist vorbei und alles leer.

Der Mund steht offen, ein Faden Schleim, zerreißfein wie
Schicksalsgarne, fällt hinab, hinab ins Warme zartzerkaute,
Bevor die Spülung genüsslich der Rest verschluckt und
Ich einen verfrühten Feierabend gut vertragen könnte.

Ich fühle mich schon besser derweil ich hier stehe,
Wenn auch noch immer schlecht, unten angekommen,
Am Boden bei den Brocken in der Beuge der Wand.
Aber: trotz allem Elend, war´s der letzte Abend wert.

Fieber

Es war ein Sonntag, ein müßig schöner,
Ein milder mit Sonne und Zaziki ohne Döner,
Da kam mir ein gedichtwürdiges Gefühl,
Das sich unverfroren nicht des Daseins scheute
Und ich mich ohne Aufstand und inneres Gewühl
Auf morgen und - die Arbeit freute!

Was? War ich denn noch vom Samstag besoffen,
Oder hat mich des Wahnsinns Pfeil getroffen?
Oder hab` ich mir die Hirse stramm gequarzt?
Montags darauf ging ich denn stracks zum Arzt,
Doch dieser sagt zum Glück: „Mein Lieber,
Sie sind krank: ich konstatiere - 42 Fieber!"

Deutscher

„Ich bin ein echter Deutscher und die nichts wert, die Kanaken
Sind keine Menschen... alle umbringen...
Hitler und Heil und Sieg...", hörte ich ihn erneut,
Nach einer kleinen Provokation meinerseits,
Über einen der netteren, russischen Kollegen posaunen.

Zuerst hörte ich nur und erwiderte nichts in seiner Nähe,
Sagte dann aber, er solle den Mund halten,
Denn er sei keinen Deut besser als der Dümmste der Anderen
Und das niemand sich seine Herkunft
Aussuche, da keiner fragt, wo man geboren werden will.

Dann aber, da ich seiner Schadenfreude, Unduldsamkeit und
Meiner belehrenden Rede müde war,
Weil's erwiesenermaßen nichts bringt mit hohlen Wänden zu reden,
Ging ich, wie damals die Unbeliebten in der Schule,
Zum Chef und schenkte ihm klar und direkt die braune Brühe ein.

Am selben Tag noch verließ der Deutsche das Unternehmen.

Das letzte Mal, als ich ihn sah fand ich mich am Firmenfenster
Hinabschauend und stehend wieder,
Formulierte für seinen neu erwachsenen Zorn lindernde Wünsche
Und bewegte meine Hand winkender Weise
Wie eine neutrale Fahne zu seinem grandiosen Abgang im Wind.

Selbstachtung

Ein Kollege wurde gegangen,
Da er einen kapitalen Fehler beging.

Und nun so frei und auf der Suche nach Arbeit
Frage ich mich ernsthaft
Was aus ihm wird,
Wenn seine neuen Bewerbungen als Bemühungen
Keine Früchte am Baum tragen, der er selber ist,
Die Ohnmacht entgegen des Marktgeschehens
In seiner Wunde fingert,
Wo angeblich einmal Flügel waren?

Was wenn er vielleicht Hartz – IV Empfänger wird,
Obwohl er Gas und sein Bestes gibt,
Oder wenn er bald als Ein-Eurojobber dahindümpelt,
Oder er sogar mit etwas Glück eine Arbeit findet,
Die ihm Geld bringt, aber sein soziales Rückgrat bricht,
Obwohl er sich gerne die Hände dreckig macht?

Was wenn er keinen Job findet und weiter absteigt,
Die soziale Leiter der Anerkennung,
Richtung Hölle hinab,
Dann frage ich mich ernsthaft, ob
Dieser Jemand morgens aufsteht
In den Spiegel schaut und
Mit Achtung vor sich und
Einer kräftigen Stimme,
Die zum Chor mutiert,
Zu seinem Gegenüber sagt:

„Du bist wer!"

Nordsee

Meer, Licht, Weite und Wind
Spielten wie ich mit Steinen
Im Sande ein Kind,
Und wir die die Hände hielten
Lachten, genossen und gingen
Erinnerungen machten
In Erinnerungen hingen,
Dahin trieben,
Und dem Zeitlosen
Der frohen Brandung gehorchten,
Dies und jenes austauschten
Und anderes erforschten.
Wir, wir haben mit Bernstein
Auf die kommenden Tage geschmissen
Und auf die Zeit
Ohne Zeit für einander geschissen.
Wir, die die Hände hielten,
Wir, die wie Meer, Licht, Weite und Wind
Uns an einem hohen Tag
Atmend und frei einem schönen Augenblick
In die Arme spielten.

Nachschub

Er, ein „Russe", vierundzwanzig Jahre jung,
Freundlich, verheiratet, Vater von einem Kind,
Aber traurig blickend und günstig an uns verliehen,
Arbeitete die letzten zwei Monate fast
50 Stunden die Woche und mehr.

Er nahm`s hin, er ertrug die faustlosen Tiefschläge,
Fraß lange Zeit den Schiss und die Schmerzen,
Bis es ihm dann doch unwürdig und zu viel wurde,
Er Mut fasste und zu seinem Chef ging und
Für eine angemessene Ordnung plädierte.

Jener meldet sich daraufhin bei unserem Lagerleiter,
Der wiederum seine rechte Hand sandte,
Einen Typ, der gerne Macht hat und ausübt und
Von dem ich vermute, dass er sich schön hoch schlief.

Er stampfte breitbeinig mit einer bitteren Nachricht
Im Gepäck zu diesem Jungen und meinte sinngemäß,
Dass er gehen könne, wenn er nicht in der Lage sei
Eine Zeit lang zwölf Stunden am Stück zu arbeiten,
Da man bestimmt jemand anderes finden werde,
Der an seiner Stelle buckelt und die Ausbeutung bejaht.

Charakter

Mir dünkt, ihr wisst
Noch nicht recht, was ein Kapitalist,
Was das für einer ist:

Er ist ein Freund des Begriffes *Wert*,
Der oft eine teure Kutsche mit vielen Pferden
Spazieren und als Symbol flanieren fährt.

Jemand, den neoliberale Ideen leiten,
Die er und seine Genossen, zu allen Zeiten,
Gut und gern unterm Volk verbreiten.

Der stets gestriegelt und gewitzt
Zumeist auf seinem Popo sitzt
Und Blut bei roten Zahlen schwitzt.

Einer der weiß, dass er in dieser Welt
Zusammengehalten und regiert vom Geld,
Ein Steuer und politische Zügel in Händen hält.

Der viel Ansehen, Ehre und Hohn erfährt
Und sorgenfrei und ganz unbeschwert
Den Geldgewinn als Sinn der Existenz erklärt.

Einer, der arbeitsschaffend als Freund der Stadt
Aller gesteigerten Umsätze nimmersatt,
Und einen Taschenrechner surren,
Wo sonst - ein Herz Heimat hat.

Wortlos

Die nahen Augenblicke
Sind echte Raritäten
Die letzten Tage,
Wie wohl auch heute
Meine betriebsame Verspätung
Die genährte Hoffnung
Von gestern tilgte
Und früh
Das gefügige Licht
In der Wohnung löschte.

Ich fand dich schlafend
Bei meiner Heimkehr
In unserem Himmel,
Im Ofen eine unberührt,
Kalte Delikatesse,
Den Tisch
Mit Liebe und zwei nackten Tellern gedeckt
Und unweit der beiden
Traf mein Blick
Eine Flasche Wein —
Von erwürgtem Wunsch nach Liebe
Nahezu
Enttäuschungsgeleert.

Ich konnte dich verstehen
Und darum
Gab ich,
Mit dir schweigend
Übereingekommen,
Mir ein wenig mehr
Als den verbliebenen Rest.

Pausenraumblues

Die Rollbänder hinter mir hör` ich nicht mehr,
Denn ich sitze allein ich im kargen Pausenraum.
Montag ist es und schon mein Rücken schwer,
Er schmerzt bereits, - also ist`s kein Traum.

Den Regenblick über den Tisch geschmissen
Fällt geradewegs ins Blau zum Fenster raus.
Ach! Auf den Rest der Woche sei geschissen,
Das Konto ist klamm und das Glück bleibt aus.

Draußen die große Welt, unendliches ungesehn,
Ein Fest und Farben, Länder, Liebe und Leben
In dem sich tanzend die Atome und Sterne drehen.

Ich aber, wie das Ganze, geschäftig Mammon ergeben,
Sitze mit Sehnsucht nach Fremde hier und fühl` es,
Wünschte Samstag wäre ewig und mein Kaffee ein Kühles!

Leistung

Wie meine Lehrer und Väter,
Damals, so heute und auch später,
Die Burschen im Blaumann am Fleischertresen,
Der Dachdecker auf der Aluleiter,
Jene im Verkehr- und Schifffahrtswesen
Und auch mein spanischer Vorarbeiter,
Wie auch er zu sagen pflegt,
Geht sich in der großen und schnellen Welt,
Der weitere Weg besser,
Selbstoptimiert und üppig überlegt.
Denn bald ist´s Gesetz,
Dass es, wie einst, für den der fällt,
Kein rettendes Netz mehr gibt:
-
Kein Glück für den, der nicht die Gosse liebt.

Von den unteren Milieus, ohne Entzücken,
Gekreuzt mit den obersten Schichten
Hör ich sie ein Liedchen dichten
Und mit einer Tonne Angst auf dem Rücken
Den neoliberalen Singsang singen,
Eine Ballade von Kälte, Kampf, Blut und List
Vom einem „Du musst Leistung bringen!"
- Weil sicher scheint, dass nichts mehr sicher ist.

Beruhigungsmittel

Seit drei gefallenen Vollmonden sind
Der Mittelpunkt der Misere die Maloche,
In der Spätschicht Überstunden Standard,
Freizeit und Familie eine wertvolle Mangelware.

Ich und der mir sympathische, schnurbärtige Russe, jener
Mit den tanzenden Teufeln und der lockeren Faust[10],
Saßen ebenso schwer und gesäuert im Pausenraum,
Und machten, was man macht, wenn man Pause hat.

Nach einem besinnlichen Schweigen und einem kurzen Blick
Aus dem Fenster zur Frühlingsdämmerstunde meinte er:
„Da geht der Chef nach Hause, heim zur Familie,
Wo Frau und Kinder auf ihn warten."

Worauf hin er sich schweigend setzte und fort fuhr:

„Er hat ja auch ganz Recht, keine neuen Leute einzustellen.
Wir machen die Arbeit schon, wir sind ja auch keine
Menschen und bei uns zuhause sitzt sowieso
Nur Schlachtvieh, das auf niemanden wartet."

Er sagte es, presste eine Tablette aus dem Stanniolpapier,
Warf sie ein, schluckte, und erneuert die Stille.

---

[10] Jener verzweifelte Herr aus dem Gedicht „Tragödie"

Säulen

Arbeiten und Schlafen, Arbeiten und Schlafen,
Arbeiten und Schlafen, Arbeiten und Schlafen,
Arbeiten und Schlafen, dazwischen zwei Gedanken
Bier und die üblichen Maßnahmen zum Lebenserhalt.

Dann endlich Wochenende, essen, fernsehen und Füße hoch,
Lust und Liebe erneuern, ansonsten - zu müde für den Rest.

Arbeiten und Schlafen, Arbeiten und Schlafen,
Arbeiten und Schlafen, Arbeiten und Schlafen,
Arbeiten und Schlafen, dazwischen zwei Gedanken
Bier und die üblichen Maßnahmen zum Lebenserhalt.

Dann endlich Wochenende, essen, fernsehen und Füße hoch,
Rechnungen begleichen, ansonsten - zu müde für den Rest.

Arbeiten und Schlafen, Arbeiten und Schlafen,
Arbeiten und Schlafen, Arbeiten und Schlafen,
Arbeiten und Schlafen, dazwischen zwei Gedanken
Bier und die üblichen Maßnahmen zum Lebenserhalt.

Dann endlich Wochenende, essen, fernsehen und Füße hoch,
Was Nettes kaufen, Urlaubshoffen, ansonsten - zu müde für...

Hört sich ziemlich monoton an und könnte jeder schreiben?
Richtig, denn gestern warf ich meine Seele und einen toten Singvogel
In den Müll und hörte den Säulen der Gesellschaft zu:
So in etwa schaukelt ihr Lied und atmet sich ihr Leben dahin.

Geheimnis

In unserer Umarmung atmet ein Gefüge
Und durch unser Gelächter duftet ein Leuchten,
Unser Lautwechsel, ein endloser Lichtgang
Und ohne Weinen wälzt sich über Tage der Blick.

Wir sind verschieden und doch eines Gleichen
Wir, wir kennen uns gut, bald wie Geschwister,
Besser noch als Wüste und Wind etwa, sind uns
Bekannter als Mond und beschienenes Meer.

Wir kennen uns gut, wir Liebenden, die Gesten,
Das Glück, und doch entblättert sich stets Neues
Erfrischend und formlos ins Kommende und reicht
Aus dem schöpferischen Dunkel der Helle die Hand.

Klimawandel

Ich wurde für zwei Wochen
Zum Vorarbeiter behoben
Und nahm, ohne es zu wissen,
Einem geschätzten Kollegen
Die Option zum Aufstieg weg.

Vergiss den Regenschirm
Und die Schlagfertigkeit nicht,
Wenn du steigst.

Seit dem schauen auch
Die anderen seltsamer.
Sie sind stiller, kühler,
Feindseliger und froh
Beim kleinsten Schaden
Der mir geschieht.

Vergiss den Regenschirm
Und die Schlagfertigkeit nicht,
Wenn du steigst.

Das Klima hat sich gewandelt
Der kleine Krieg begonnen, denn
Bist du oben nehmen sie ihn raus,
Und sind versucht bergauf zu pissen.

Vergiss den Regenschirm
Und die Schlagfertigkeit nicht,
Wenn du steigt,

Sag ich mir seit kurzem
Nach jedem Erwachen.

Tod

Bemokkert zwischen Palettenstaub und Schokolade
Stand ich noch arbeitend in der Nacht übernächtigt
Ohne Mindesthaltbarkeit, Garantie und Himmel
Im Iris-Irrsinn und weiten Augen in der See.
Überbereit für Ruhe und ein warmes Bett war ich
Bis plötzlich und plump eine Nullpunkt- Enge
Und ein grelles Grab sich in meinen Blick ergoss,
Meine Zellen aus Angst vorm Ende und ewigem Schlaf
Erzitternd im geheiligten Jetzt erwachten,
So dass ich ganz und gar von Sinnen voll da war,
Mit den Krallen der Seele nach Luft und Leben schnappte
Und eine Fürbitte zum Gott der Quanten sprach,
Aufschub verlangte für das, was noch ansteht,
Um geliebt, gelebt, gelitten und gefühlt zu werden.

Druckmittel

„Und Herr _____[11] wie geht´s, wie sieht´s aus,
Sind sie am Sonnabend zur Sonderschicht dabei?"
Ich gab zurück und ohne Lust im Ton heraus
„Sicher, ich brauch` das Geld zur Existiererei"
„Gut, - das ist das Problem von jedermann!"
Erwiderte der Boss lachend im sauberen Kittel,
Und fügte den herrschaftlichen Satz noch an:
„Zum Glück haben wir zum Druck - noch ein Mittel!"

Haltung

Auch unter Arbeitern begrüßt man sich
Und so, „Wie geht´s?" fragte ich ihn interessiert kameradschaftlich.
Und er erwiderte zuerst: „Gut, - weil's muss!!"
Beim späteren Gruß offenbarte er seinen fatalistischen Verdruss
Und meinte in selbstehrlichem Erwachen
„Es läuft scheiße!" und untermalte es - mit einem leidigen Lachen.

---

[11] Der Name kann fast nach Belieben eingefügt werden! Für das andere Geschlecht gilt die Abhängigkeit vom Gelde für die „Existiererei" natürlich ebenfalls.

Urlaub

Soeben
Noch
Wie Brotkrumen
Ein Stück DNA
Aus der Scham
Gedreht
Nun denn
Ein erstes Erwachen
Zur Besonnenheit
Gegen den Kater
Auf beschienenem Vorsprung
Dann den freien Blick
In entspannter Erregung
Zum Nächsten geworfen
Dem Tisch
Der Tasse
Dem Blauen
Der Zigarette
Dem Spiel und
Spatzengesang
In den Dingen
Harrend
Was sich
Dem Hund
In mir
Heute
Noch
Alles an Gedanken
Gibt
Und
Aus dem Offenen
Ereignet.

Überlebenskunst

Die Jungs turteln
Mit der Eintönigkeit
Und der Tristes,
Sie spielen mit ihr
Wie mit einem scheuen Kätzchen,
Sie trinken,
Schlagen ihr Frauen und Kinder nicht
Und der Gedanken an Suizid
Angesichts ihrer Situation liegt ihnen fern.
Sie haben sich den Humor bewahrt,
Das erlösende Achselzucken,
Die Zoten,
Das Fluchen
Und
Die feuchten Gelage am Wochenende.
Sie lachen noch immer,
Trotz der ganzen Scheiße um sie
Sind sie Freund mit sich,
Sogar ein wenig froh,
Überhaupt Arbeit zu haben,
Da es morsche Wurzeln ermöglicht -
Wie sie es machen?
„Gewöhnung" sagen die einen
„Sozialisation" die anderen,
„Fatalismus" andere.
Schlussendlich weiß ich´s noch immer nicht,
Aber ganz gleich
Der Gründe
Ist
Ihr Gang durchs tägliche Leben
Große
Kunst.

Widerständchen

Sie zündeln gern,
Manchmal drei Zigaretten in Folge,
Paffen gegen den Zeiger
Ins Blaue
Und
Die Sanktion,
Jagen den Teer
Über den Jordan
Und
In Grüppchen
Den Dunst in die Lunge.
Sie kennen die Tricks und Kniffe
Für eine Auszeit
Von kurzem Vergnügen
Und japsen ein Lied beim Treppengang
Als kleiner Widerstand
Der Winzigen
Gegen die Gewalten
Mit dem großen Geld.

Aufstieg

Er war einer von uns,
Bevor er zwei Stufen stieg,
Bevor er Höhenluft roch,
Ehrgeiz entwickelte
Und
Weiter gegen Himmel schielte.

Er war einer von uns,
Bevor er die Wurzeln kappte,
Vergaß woher er kommt
Und
Kontrolle ihn einen König werden ließ.

Er war einer von uns,
Bevor man ihn in eine höhere Position hob,
Die ihn aushebelt und zweiteilt,
Ihn in eine Rolle steckt
In der er den Druck von Oben
Als Arsch nach unten gibt,
Um der oberen Etage
Und
Seiner Familie gerecht zu werden.

Er war einer von uns,
Bevor man ihn
Mit Schlips
Unter neue Gesetze stellte
Und
Uns als neuen Vorgesetzten
Zum Fressen vorsetzte.

Verbitterung

Verbitterung
Geht um die Häuser und dreht sich wie die Erde im Kreis
Verbitterung
Sitzt im Nacken, unter den Achseln, im Augapfel
Verbitterung
Als glänzende Bleiche im Blick und Blässe der verwelkten Blume
Verbitterung
Auf den Sozial- und Arbeitsämtern, in den Straßen und Gassen
Verbitterung
In der Kneipe und Bars, im Knast und in schmutzigen Bächen
Verbitterung
Um die Ecke, unterm Bürgersteig und am Ende der Reklame
Verbitterung
Begrünt den Grashalm und entmachtet die Süße der Maske
Verbitterung
Als schaler Geschmack im Bier, im Bourbon und im Wein
Verbitterung
Konsumiert, verzehrt, furzt und nimmt der Musik die Melodie
Verbitterung
Wohnt in den Wolken, den Reihenhäusern, den Slums und Favelas
Verbitterung
Beim Warten an der Kasse, unter Nachbarn und den Nächsten
Verbitterung
Über den Fernsten, das Andere und immer die Anderen
Verbitterung
Unter den Armen, den Reichen, den Kinder, jung und alt
Verbitterung
Bei Rechts, Links, der Mitte, Rot, Grüne, Schwarz und Blau
Verbitterung
In den Schulen, Vorstädten und den schlauen Büchern
Verbitterung
Über verletzte Hoffnungen, über zu viel Freiheit und zu viel Zwang

Verbitterung
Über die Börse, die Makler, Macht und Macher
Verbitterung,
Herrscht in alle Richtung des Raums und der Windrose
Verbitterung
Über das Jenseits und das Jetzt, über Leben und Tod
Verbitterung,
Warum noch Lachen, wenn an des Lachens Ende...kein Licht, sondern
Verbitterung
Steht und geht und lauft und fährt, fliegt und fällt und steigt…
Verbitterung
Unter der Haut und den Haar, unter den Sohlen und Fingernägeln
Verbitterung
In den Krankenhäusern, unter Hebammen und Politikern
Verbitterung
Im Marihuana, Mononatriumglutamat und den Endorphinen
Verbitterung
Im Nachmittagsprogramm, im Straßenverkehr und den Komödien
Verbitterung
Unter den Clowns, Soziopathen, Komödianten und Normalen
Verbitterung
Überall, in jedem Atom, der Atemluft und dem Feinstaub
Verbitterung
Allgegenwärtig und endlich als göttliches Attribut anerkannt
Verbitterung
Über die Zugvögel, die Globalisierung und den G 8 - Gipfel
Verbitterung
Im Gestein, im Moos und den verschmutzten Meeren
Verbitterung
In Kurbädern, dem Schönen und im gefährlichen Sonnenschein
Verbitterung
Verbietet sich Fröhlichkeit, gute Laune und fordert Lust
Verbitterung
In der Verbitterung über die Verbitterung im Benzin

Verbitterung
In Europa, auf den Bankkonten und der Arbeit
Verbitterung
In der Freizeit, im Schlaf und den zerstörten Träumen
Verbitterung
Über das Glück und die lebenswerten Augenblicke, die nie weilen
Verbitterung
Über Langeweile, die Rekorde und ein Überangebot an Alternativen
Verbitterung,
Warum noch lachen, wenn an des Lachens Ende kein Licht, sondern...
Verbitterung
Steht und geht und läuft und fährt, fällt und fliegt und steigt...
Verbitterung,
Überall und ohne Ende und kein Land in Sicht
Verbitterung
Da das Mögliche uns mahnt es anders zu machen,
Verbitterung
Ein Triumph mit versteckter Freude und eine schmale Brücke
Zu einer besseren Welt!

Sommer

Ihr solltet ihre Blicke sehen,
Die Augen der Herren,
Wenn einmal eine halbwegs hübsche Frau
Durch die Halle spaziert,
Sehen wie sich dann ihr Gesicht lichtet,
Die Augäpfel am Obst entlang wandern,
Die Lust kurz aufblitzt,
Die Säfte gären,
Der Bleistift steil geht
Und
Die Herrn Eroberer und Co.
In sich
Wilde Phantasien
Für ein neues Abenteuer
Erwecken.
Ja ihr solltet dann ihren Blick sehen,
Es ist als tanzte
Für einen lebendigen Augenblick lang
Der Sommer
Hochhackig
Durch die Hölle.

Schwarz

Es war ein trüber Montag,
Grabesstille und
Betroffene Gesichter waren
Im Umlauf,
Weil zwanzig Mann gingen.
Sie hatten gute Arbeit geleistet,
Doch was zählt das,
Wenn andere den Job billiger erledigen.
Im Halbstundentakt gab`s
Eine Vorladung beim Chef,
Der, so sagt man,
Sie ohne Dank
Und
Mit einem Tritt in die Eier
Ihre Selbstachtung entließ.
Die Jungs
Können einem echt leidtun,
So ohnmächtig,
So versklavt fremdgelenkt,
Vasilinlos arschgefickt
Und von der unsichtbaren Hand
Des freien Marktes
Und ihren Handlangern
Wie Abschaum
Und ein
Ersatzteil
Behandelt.

Mut

Er durfte gehen,
Und er ging froh
Und
Mit erhobenem Haupt,
Er ging
Weil er sich nicht alles gefallen
Und
In Form fassen ließ,
Weil er sich nicht ganz fügte
Und
Das ungeschriebene Gesetz mit Füßen trat,
Nach dem man arbeiten und gehorchen,
Angst haben und nicht denken soll-
Und wenn,
Dann ist niemals der Scheiße zu wider
Das Hirn in Bewegung
Und
Die Bewegung
Zur Sprache zu bringen.

Atem

Dein Atem
In der Armbeuge
An dunkler Ader
Spült in Ebbe und Fluten
Den Dank
Für einen Anker
Auf dem Weg frei.
Er haucht
Knietief
Frühling,
Zwischen Hammer und
Amboss vorbei
In meinen Kreislauf und
Erinnert mahnend an
Tage des Regens und
Den goldenen Staub
In den Urnen.
- Schön ist,
Dass es dich gibt.

Praxis

1.

Ab nächster Woche
Nennt er sich arbeitslos,
Weil er auf der Arbeit soff
Und sich erwischen ließ.

Ab dann wird er es schwer haben,
Wenig bevorzugt wie er ist:
Klein und untersetzt,
Als Busfahrer in Kasachstan ausgebildet,
Mit glasigen Alkoholikeraugen,
Chronischer Fahne,
Brutalen Falten und traurigem Hundeblick,
Mit seinem schlürfenden Gang,
Den fleischigen Pranken als Händen,
Einem riesigen Däz,
Fünfzig Jahren auf dem Buckel
Und
Seinem deutschen Gestammel
Kaum Sprache nennenswert,
Aber als Mensch im Umgang ein dufte Kerl
Mit Sinn für Späße (aber was zählt das schon).
Er wird es schwer haben
Und
Glaubte ich an Gott,
So schlösse ich ihn in meine Gebete ein,
Aber wirksamer sind vermutlich
Einige wohlwollende Worte beim Vorarbeiter
Als Einsatz - für ihn.

2.

Die Chefetage war gnädig:
Sie hatten ein Einsehen mit ihm
Und neue Chancen verteilt.

Nach meinen geäußerten Bedenken,
Kam er kaum eine Woche später
Wieder zur Arbeit,
Nahm die neue Möglichkeit wahr
Und versoff sie mit Gebrüll und Bravour:
Drei Tage war er voll wie eine Haubitze,
Fuhr betrunken,
Arbeitet wenig,
Fiel auf die Schnauze und stank,
So dass man ihn liebevoll zur Tür geleitet
Und
Verabschiedete.
Es war wohl seine Antwort
Und Art
Mit der Willkür,
Die ihm widerfuhr,
Umzugehen,
Dem Alkohol
Den Vorzug zugeben
Und durch die Blume
„Nein!"
Zu sagen.

Kamerakultur

Sie klebt starr
Wie Gestank unter der Decke,
Als verlängertes Auge und
Prüfender Blicke
Fokussiert sie uns,
Zeichnet unterwerfend
Jeden Schritt auf,
Protokolliert jede Handbewegung
Und
Jedes hungrige Gähnen.[12]
Sie soll für Sicherheit sorgen,
Fungiert als Abschreckung und Erziehung,
Fungiert als Gewissensersatz
Gegen krumme Gedanken,
Ähnlich wie Gott,
Gebete und das Jüngste Gericht.
Sie dient als Verhaltensscharnier
Damit man
Nicht aus der Rolle fällt und
Sich etwas Luft und
Kostengünstig drei Artikel selbst gönnt.
Sie hängt starr Richtung
Sehend,
Ob an oder aus,
Ihre Präsenz allein
Dient als Prophylaxe
Gegen soziales Karies
Und
Die moralische Verdorbenheit.

---

[12] Zum Glück: Gedanken und Fürze entgehen ihr noch!

Alltag

Manche nennen es abschätzig
„Alltag"
Und meinen,
Die Liebe litt darunter,
Unter den so genannten Banalitäten,
Den Kleinigkeiten im Getriebe,
Die den Zauber und die Zärtlichkeiten stehlen,
Dann wenn sich die Routine
Wie eine böse Beschwerde einschleicht,
Wo einst ein verträumter Blicke
Die Zweisamkeit regierte.

Doch in allem,
Zwischen
Abwasch, Arbeit,
Einkauf und dem Mangel an Zeit
Ist es nicht so,
Wie sie sagen.

Du und ich,
Jeder hat sein eigenes,
Ist eigen und einmalig
Und doch haben wir uns
Als eins in allem,
Uns als eins, was gemeinsam
Alt werden will und dabei noch lachen kann,
Glücklich
Wie spielende Kinder,
Gehüllt,
In die Zuckerträume
Der ersten Tage.

Fremde

Ich sah schon einige
Kommen und gehen,
Junge, arbeitswillige Männer,
Zeit- und Leiharbeiter,
21. Jahrhunderthuren
Mit guten Schulabschlüssen,
Zweisprachig und mit akzentfreiem Deutsch,
Nur leider mit einem Makel:
Deutschland ist nicht die Heimat ihrer Väter –
Und bei Vaterlandsliebenden,
Die das und die Fremde fürchten,
Findet sich mit einem Geburtsstigma
Im Namen
Und
Auf der Stirn
Kaum eine anständige Stellung
Und
Ständige Anstellung.

Teilhabe

Wenn fünfzig Stunden
Die Woche
Gearbeitet und erledigt sind,
Fünf plus einen Tag,
Dann bleibt nicht mehr
Viel Zeit und Muse
Für Konzentration und die Teilhabe
Am hohen Kulturgeschehen,
Dann regiert das Gähnen,
Der Hang zum Fernsehen und Sofa
Polt dann die Präferenzen
Entgegen der guten Lektüre
Und allem bildenden Geschehen.
Wie dem Letzt etwa:
Ich rappelte meinen müden Kadaver
Aus dem Federn für den Gang in die Galerie,
Beäugte unbegeistert Hearings Schwanzkritzeleien,
Warhols Bilderfabrik
Und
Gemälde von Städten als es noch still war,
Bevor ich meine Liebe schlafen legt
Kants erste Kritik nach Hause ins Regal stellte
Und
Ein bisschen Zerstreuung sucht:
Ich hatte die Schnauze
Gestrichen voll vom Funktionieren
Und
Durst auf ein paar Schlucke Ambrosia vom Leben,
Kurz: Ich ging
Mit gutem Vorsatz und Gebrüll
In die Nacht
Einen Saufen.

Flair

Als ich die Halle betrat
Herrscht heilige Stille,
Nichts lief,
Kein Computer,
Kein Fließband,
Kein Rattern und Rumoren.

Ein Fehler im System hatte alles lahm gelegt
Und
Eindrucksvoll
Unsere Abhängigkeit von der Technik
Bewiesen.

Rien ne va plus, Baby!

Den Oberen ging
Aus Angst
Vorm Gewinn- und Imageverlust
Die Düse
Und
Wir wurden für zwei teure Tage
Nach Hause geschickt, -
Irgendwie hatte es
Das Flair der Freiheit von damals,
Das Flair
Von erlassenem Zwang
Und
Hitzefrei.

Entwurzelung

Mein Liebster
Unter den Kollegen,
Ein Freund schon fast
Erzählte mir von damals,
Als er nach dem Krieg
Als Kind und Deutscher
In Russland aufwuchs
Und wieder
Nach Deutschland kam,
Heim kam,
Wie er sagte,
Heim,
Wo er keine Heimat mehr hatte,
Denn er kommentierte
Seine Situation salopp:

„In Russland war ich der Nazi,
Hier bin ich ein Russe`-
Nirgends zuhause
Aber
Überall der Arsch!"

Lachen

Es war wie immer
Viel Arbeit angesagt,
Was den ehemaligen Zuchthäusler
Nicht scherte.

Er schielte und schwitzte mich
Um die Ecke an
Und doziert
Am Computer stehend
Auf *russeutsch*
Überraschend über Nietzsche
Und
Die heroische Haltung der Härte,
Wenn's hart kommt
Und
Die Heiterkeit
Es hinzunehmen.

Im Weggehen zückte er an seiner Kappe,
Deutet sodann einen Leberhaken an
Und
Fügte R-rollend hinzu,
„All das heißt Problem wie ein*e* große Kerl betrachten:
Umhauen und lachend
Weitergehen".

Ufer

Gestern, nach getaner Arbeit,
Regnete es in der Steinwüste, - doch kaum etwas wuchs!
Die Stadt roch weinerlich, verlaufen die ernsten Gesichter,
Süchtig und grau,
Galant und Mensch genug für ein verwehrtes Lächeln.

Ich ging wirr, aufs Geratewohl,
Nur der Mut zur Schwere gedieh mit jedem Regentropfen,
Der den Pflasterstein sprengte
Und im Lichtdschungel die sammelnden Jäger wuschen,
Die nach reduzierter Beute spähten.

Normale Exemplare des Volks,
Die Penner und Punks waren anwesend,
Außenstehende im Innenbereich wie ich,
Ich mit heiteren Erinnerungen an eine Insel der Süße
Und schlechten Träumen an diesem herbstlichen Tag,
Der bis da, zu kaum mehr als
Einer wiederholten Konsumpredigt und Großkonzernpolitik
Im Radio taugte.

So schritt ich ohne Schirm im Regen,
Nackt und namenlos fort,
Voran? - zurück? - umher zumindest,
Bis ich beim Chinesen saß, wartete,
Weiße Fliesen kaute, der Kunst des Zens gedachte,
Und die Schwere für Sekunden wie einen erstarkten Freund begrüßt,
Begrüßte, bis du die Tür herein kamst
Und mich
Mit einem Lächeln
Wieder mal rettend
Ans Ufer zogst.

Milchmädchen

„Ich", sagt der lachende Chef, „ich
Denke betriebswirtschaftlich" -
Was dann einfach so viel heißt,
Dass er billige Arbeiter heilig preist
Um die Kosten unbedingt zu senken,
Denn er hat ja nichts - zu verschenken.

Und dass er alles macht, was die Erlöse hebt,
Weil der eifrigen Betriebswirte „Geist"
Primär nach höheren Gewinnen strebt.
Diesem Unternehmer-Ziel ordnet man alles unter
Packt auch uns Menschen darunter,
Denn die Arbeit verrechnet als Lohn
Ist Teil der großen Kostenfunktion.

„Ich" sagte der lachende Chef, „ich
Denke betriebswirtschaftlich."
Doch ist das „Ich" uneigen und allgemein
Ein „Ich" als Handlanger und purer Hohn,
Denn wie wollt ihr besonders und eigen sein
Ihr Rechensklaven des Gottes Mammon?

Schönheit

Man weiß,
In der Halle nicht,
Ob es Tag,
Oder Nacht
Ob es draußen
Warm oder kalt ist,
So fensterlos abgeschnitten
Monadisiert und
Ohne Öffnung ins Grün
Mit hungrigen Blick.

Hässlich ist die Halle,
Wo nur an erlesenen Orten,
Im Spind oder
An anderen Fleckchen angeklebt.
Anmut um die Ecke späht.

In verborgenen Winkeln
Hängen dann die Hübschen,
Zwar mit gespielter Erotik im Blick
Aber mit leichten Formen,
Von denen ein Kollege meint,
Die blanken Mädchen auf Papier,
Gut für eine flache Fantasie,
Seien das Schönste,
Was während der Arbeit
Ins Auge fällt
Und
Ehrlich gesagt:
Ganz Unrecht
Hat er nicht.

Nichts

Keine Musik mehr, keine Maschinen,
Kein Lärm mehr und auch
Keine Menschen,
Nichts Kuscheliges für jetzt,
Keine Küsse und keine Versprechen,
Keine Aufträge mehr,
Angelegt oder geplant oder wie auch immer
Keine russischen Flüche oder Floskeln,
Keine therapeutischen Gesänge,
Keine Gassenhauer oder Anweisungen,
Kein Warum, wohin und weshalb mehr,
Kein Rollenspielchen oder Erwartungen
Und Erwartungserwartungen,
Keine Gummibänder oder –bärchen,
Keine Paletten, kein Lamenti
Kein Terror und Tode im Hindukusch
Oder anderswo,
Keine fließenden Bilder,
Politik oder Glücksversprechen
Keine Pläne und schöne Poesie,
Nichts,
Nur der Balkon und ich,
Ein wenig Regen,
Der zu Tau wird,
Eine Dose in der Hand, zum Mund
Die müden Füße hoch,
Frei für morgen
Und
Ein bleibender Rest
Der mir wie immer
Nichts als
Zu denken gibt.

Diagnose

Ich hockte zwischen Regalen
Und sortierte Tabak
Als er kam,
Um seinen Abgang einzuläuten.

Zuerst wusste ich nicht was er wollte,
Bis ich begriff, dass er gekündigt hatte
Und hinter dem Händedruck
Ein Endgültiges stand.

Er erzählte ein wenig,
Von seinen Vorhaben
Und
Einem Monat Urlaub im Kommenden,
Keinem neuen Job
Und einem Termin beim Psychiater.

Er gab sich freigiebig,
Kam auf Touren und erzählte noch mehr
Erzählte von Magenschmerzen,
Herzproblemen, vielen Bekümmernissen und
Einer angeschmissenen Depression.
Und während er sprach
Nahm ich ihn genauer unter die Lupe,
Stellte Augenringe und gerötete Gesichtshaut fest,
Konstatierte einen traurigen Blick und einen Wanst.

Diagnose:
Markt-Opfer
Auf der Suche nach erbaulichen Antworten
Und
Einem besseren Leben.

Büro

Ich wurde
Beim Sondereinsatzkommando
Der Firma eingesetzt,
Abgeordnet für das Ungewöhnliche
Und musste,
In Jeans und Hemd gesteckt,
Ordner archivieren und Spuren
Des logistischen Verkehrs verpacken.
Und so war`s mir nebenbei gegönnt
Wach
Eine Woche
Büroluft zu schnuppern
Und findig festzustellen,
Dass die Arbeit dort
Sauber und köstlich unerschöpft
Schneller endet,
Und zwischen
Tippen, tändeln und telefonieren,
Fast wie Urlaub ist
Der
Locker
Als bezahltes Spiel durchgeht.

Schwebe

Die Firmenübernahme
Scheint fast perfekt,
Name und Führung
Ändern sich,
Das Kollegium steht
Zum Teil auf der Kippe,
Aber nur einige lassen sie gehen,
Unter anderen
Mich.

Nun bin ich wieder arbeitssuchend,
In der Schwebe,
Mit Existenzangst,
Frei für Neues
Aufs Kampffeld des Marktes
Geschmissen,
Frei fürs täglich Brot,
Die eigene Haut
Mit Eigenschaften
Wie Fleisch feilzubieten
Und
Mich zur Ware machend,
Froh nur darüber,
Dass es jemanden gibt,
Der mich liebt,
Selbst
Wenn
Mit nichts im Gepäck
Die Gosse mich grüßt.

-

So sagt sie zumindest!

Konjunktiv

Die vollen Wände wären wenig
Ein Leeres lebte darin
Und die Blumen unten im Beet
Atmeten ein Schwarzes.

Kein Lachen kreuzte den Verkehr
Kein Unfug die Form
Und obenauf läge in allem
Ein düsteres Genügen.

Eine Flasche wäre mein Freund
Der tägliche Gang voll Gram
Und im eitlen Tand und Geschehen
Die Bitterkeit eine Geliebte.

Ein kaltes Vergnügen wärmt mein Bett
Ein Nacktes bleichte die Brust
Und im hässlichen Aufstehen wäre
Mein Wandern getragen von Kürze.

Zwischen den Schläfen stürmte es, und ich
Ginge über einen Abgrund ohne Brücke,
So das alles wenig wäre, leer wäre,
Alles Nichts wäre - wärst du nicht.

Abschied

Nach der Kündigung
Zwischen Tür und Angel,
Sagte ich es meinen Kollegen.

Die Stimmung war
Gedämpft danach,
Wie fünf Tag Regenwetter
Und ein bisschen Beerdigung.

Der Abschied lag bevor
Und darin ein
Auf immer und ewig.

Bilder wanderten durch mich,
Wie beim Schlussakt
Mit einer alten Liebe vor dem Neubeginn.

Schmerzlich war es
Und
Doch schön,
Zänkisch, lehrreich und ein wenig liebevoll sogar,
Von Essig und Zucker durchzogen.

Erfahrungen, Geld und lakonische Notizen
Hat`s gebracht.
Fast alles entbehrlich irgendwie,
Nur die Jungs werden mir fehlen,
Denn nur sie
Und die Aussicht aufs Gehalt
Haben mir
Die Hölle
Halbwegs erträglich gemacht.

Warten

Ich sehe die Menschen ihre Werke verrichten
Und unterhaltend in gediegene Tage fahren.
Sie wähnen sich friedvoll und glücklich -
Schön ist es zu schauen, aber schwer es zu sein.

Mir doch? Welches Los ist mir beschienen,
Mir, dem das Schwarz wie ein Schatten folgt
Und dem bald nur die Leere lebendig bleibt
Wenn die Tore des Tages sich schließen.

Meine lyrischen Träume sind tragendes Grippe,
Während am Ende unersichtlich Ziel und der Sinn,
Dass ich in allem ein Haus und ewige Wohnung
Nur hier und im Mark einer schwarzen Zeile finde.

Und so warte ich denn und warte in mir,
Hoch ins Werden geworfen weiter fort,
Warte tätig ins Leere auf singende Gedanken
Und Gesten des Lichts entlang des Weges.

Aufrichtigkeit

Die einen haben das Glück,
Die Schönheit, das Geld
Und den schmackhaften Salat,
Andere weniger davon,
Manche gar nichts dergleichen.

Mal ehrlich,
So ungleich und abgründig ist,
War´s und wird´s immer sein.
Ich habe genug gesehen und
Über unsere Geschichte gelesen.

Die einen sind Gebieter ohne Skrupel
Mit Kontrolle, Beziehung und Durchblick,
Und andere verstehen und verzweifeln
Fast ohnmächtig in der Mitte, der Mitte,
Vorm Rest, der ein wenig hohl, aber voll Hass ist.

Mal ehrlich:
Viel Arbeit und Elend ist gemeinhin
Der Job und die Kondition der Existenz:
Ein stetes Steine kauen anstatt
Heiligteuren Wein zu schlürfen.

Und mal ehrlich,
Die Apokalypse wird zur Komödie, denn
Der Mensch ist das Schwein und der Hahn und
Die Schlange wie `s im „Rad des Lebens"
Brüllend bunt gezeichnet steht.

Im Rad dessen, das uns rädert und
knallhart, kurz, und hässlich,
Aber auch so überaus gerecht und schön
In manch Stunden zu sein vermag,
Dass sich mit einem Mal alle Schwere aufwiegt.

Und mal ehrlich,
Den Straßenkindern in Bombay
Den Obdachlosen und Ausgestoßenen,
Den Kranken und denen im Krieg
Geht's schlecht.

Dem Kerl, dem man die Kippe
Aus Spaß im Auge ausdrückte, oder
Dem Mädchen, dem ein Zwanzigtonner,
Wie ich gestern las, den Fuß platt fuhr,
Ja, die sind schlecht dran.

Aber insgesamt geht's uns doch gut,
Wir haben alles und fast noch mehr,
Haben die Supermärkte, Flachbildschirme,
Die Medizin gegen Fußpilz, Pornographie und
Das Übrige für den Frieden der Bedürfnisse parat.

Und ja, wir verkaufen nun mal
Den Sex, unsere Seele und neuen Glückssymbole,
Schlachten für die Zufriedenheit zum schöneren Untergang
Den geistigen Fortschritt im Fernsehen ab
Und sind verdammt froh damit.

Paradiesisch, eigentlich sollte ich mich freuen
Wär` ich nicht weich, wütend und von Zweifeln gejagt
Und doch irgendwie glücklich im Ganzen,
Selbst froh im Dreck, dass ich mit niemandem
Auch nur eine Schuppe zu tauschen wünschte.

Wir sind Gäste des Lebens Blüte
Denen ihr Duft nicht gehört,
Wir blicken, begehren und greifen bis die
Blume verwelkt ist - und dann
Am Morgen der Nacht - was wird sein?

Wer weiß? Nun ja, - wir werden sehen,
Es bleibt spannend, Werden ist alles und
Darum greife ich auch zum Sektkelch
Und folge dem Rest der üblichen Moral,
Die sich bequem im Westen einnistet.

Ich spreche einen Toast aus,
Trinke Säure auf den Fortschritt, endloses
Wachstum, das Geld und die Verzweiflung
Und warte auf den Höhepunkt am Ende,
Der mich wieder, mit der Erde vereinigte.

Religion ist Kunst des Unendlichen
Kunst, Religion und eine Lebensrettung.
Ja aber, warum nur ließ mich die Hoffnung allein
Und schenkte mir, vom Grenzenlosen gesegnet,
Die Weihe der Empfänglichkeit aus Schatten?

Egal! - Ich werde weiter gehen und ihn finden,
Einen Platz in der Welt, wo ich eins mit mir bleibe,
Denn prekären Zeiten wohnt auch Mut und Kraft inne,
Die durch die Nacht trägt und Fülle hebt und Sinn
Aus des Lebens gebrechlicher Rippe schafft.

Zen